国家出版基金项目
NATIONAL PUBLICATION FOUNDATION

周傳儒 ◎ 著

甲骨文字與殷商制度

山西出版傳媒集團
山西人民出版社

圖書在版編目(CIP)數據

甲骨文字與殷商制度 / 周傳儒著. -太原: 山西人民出版社, 2014.12(2024.2重印)
(近代名家散佚學術著作叢刊 / 許嘉璐主編)
ISBN 978-7-203-08796-0

Ⅰ. ①甲… Ⅱ. ①周… Ⅲ. ①甲骨文-研究
Ⅳ. ①K877.14

中國版本圖書館CIP數據核字(2014)第234682號

甲骨文字與殷商制度

主　　編　許嘉璐
著　　者　周傳儒
責任編輯　馮靈芝

出 版 者　山西出版傳媒集團·山西人民出版社
地　　址　太原市建設南路21號
郵　　編　030012
發行營銷　0351-4922220　4955996　4956039　4922127(傳真)
天貓官網　https://sxrmcbs.tmall.com　電話　0351-4922159
E-mail　sxskcb@163.com　發行部
　　　　sxskcb@126.com　總編室
網　　址　www.sxskcb.com

經 銷 者　山西出版傳媒集團·山西人民出版社
承 印 廠　山西出版傳媒集團·山西新華印業有限公司

開　　本　700mm×970mm　1/16
印　　張　8
字　　數　61千字
版　　次　2014年12月　第一版
印　　次　2024年2月　第二次印刷
書　　號　ISBN 978-7-203-08796-0
定　　價　38.00圓

《近代名家散佚學術著作叢刊》編委會

出版説明

近代名家散佚學術著作叢刊選取一九四九年以後未再刊行之近代名家學術著作共一百二十册，編例如次：

一、本叢書遴選之著作在相關學術領域具有一定的代表性，在學術研究方向、方法上獨具特色。

二、爲避免重新排印時出錯，本叢書原本原貌影印出版。影印之底本皆經專家組審定，原書字體大小，排版格式均未做大的改變，原書之序言、附注皆予保留。

三、本叢書分爲八大類，以作者生卒年編次。

四、爲使叢書體例一致，本叢書前言後記均采用繁體字排版。

五、個别頁碼較少的版本，爲方便裝幀和閲讀，進行了合訂。

六、少數學術著作原書内容有個别破損之處，編者以不改變版本内容爲前提，部分進行修補，難以修復之處保留缺損原狀。

七、原版書中個别錯訛之處，皆照原樣影印，未做修改。

八、所選版本之抽印本頁碼標注，起始至所終頁碼均照原樣影印，未重新編排標注新頁碼。

由於叢書規模較大，不足之處，殷切期待方家指正。

總序／

披沙瀝金，以爲鏡鑒

◇許嘉璐

多年來有一個問題始終在我腦中盤桓：爲什麼在十九世紀末到二十世紀初，在短短的幾十年裏，中國的各個學術領域竟涌現了那麼多大師級的人物？這是中國近代史上一個極爲重要的現象，我認爲，如果不能給出令人滿意的答案，我們撰寫的近代學術史將是不完整的，甚至是缺乏靈魂的。後來我知道，著名人類學家克羅伯曾提出過一個問題：爲什麼天才成群地來？看來這種現象的出現並非中國所獨有，思考其所以然的也大有人在。而在那一次世紀之交中國的情況，似乎應驗了「天才成群地來」這個令克氏久久不解的疑問。錢學森先生曾從相反的方向提出了相同的疑問：爲什麼我們這個時代出現不了杰出人才？後來人們稱這個問題爲「錢學森之謎」。

要回答這些疑問不是件容易的事。與其迅速地囫圇地探尋，不如先多了解那些讓中國近代學術（應該包括人文科學和自然科學）史上閃耀着光輝的大師們的作品和自述，從而在腦海里盡量「復原」他們所處的環境和在那種環境下的心理路徑，從中或許可以得到一些啓示。

有一點是顯然的，這就是他們雖然都已遠離塵世而去，但是他們獨立思考的品性、求知治學的真誠、困厄窮愁中對節操的堅守，恐怕是他們共同的主觀因素，一直影響到現在，而且將會永遠留存下去。

就思想界、學術界而言，二十世紀上半葉是一個新説和舊説碰撞，中學和西學融匯的大時代。那時的學人極爲重視言行操守，同時具備現代知識分子的理想信念；他們的學術研究十分純净，絶少功利因素；他們的視界開闊，以包容的心態和嚴謹的風格造就了成果的大氣與厚重。至於在客觀因素一面，他們實際是在用工業化時代的事實解説着太史公所説的名山之作「大抵聖賢發憤之所爲作」，困厄苦難使得他們「皆意有所鬱結」。這種鬱結，幾乎和個人的名利毫無牽涉，他們永遠不能釋懷的，是民族的存亡、國運的興衰、民衆的福禍和文脈的續斷。

那個時代也是近代歷史上最大規模的中西古今學術調適、創新的時期，學術方法上的交互滲透和融合、創新亦可謂「於斯爲盛」。斯時之學人是要在封閉的屋墻上鑿出窗子的勇士，是使人能够看看外部世界的第一批導夫先路者；或者可以説，他們是在「意有所鬱結」時「彷徨」和「吶喊」的「狂人」。

相對於那時的哲人們，後來者是幸運兒。現在的形勢是，近三十年來學界空前繁榮，衆多學科有了長足之進，其中很重要的一點是學界有了更新穎、更廣闊的國際視野，似乎接續上了百年前的學壇盛事。但細想想，「古」與「今」還是有差別的。其异，主要不在於世界情勢、學術進展、工具改善這些客觀存在，而在於在廣泛吸收各國優長的同時，自身文化的主體性越來越受到重視，換言之，「拿來主義」已經延長了「拿來」的程序，加上了試用、甄別、篩選、吸收、融合、成長。就我孤陋所見，在當今地球上，面向所有異質文明，努力汲取我之所缺，其範圍之大和心態之切，似乎無出中國之右者。從這個角度説，我們已經超越了前輩。但是事情還有另外一面，學術，特別是人文學科，其職業化、「沙龍化」和功利性，以及隨之而來的浮躁病却嚴重了。從這個角度説，是不是我們已經後退得够可以的了？而這是不是我們這個時代出不了大師的原因之一呢？

民國學術界的特點之一是極爲注重對傳統的反省、批判與繼承。他們對傳統文化盡最大的努力進行整理和研究。一方面，由於戰亂頻仍，民不聊生，學者們擔起了讓中華文化薪火相傳的歷史責任；另一方面，他們要通過對中國傳統文化的整理、挖掘來重振民族自信心。這一時期對傳統文化進行整理的全面而深入是前所未有的，舉凡文字學、語言學、經濟學、法學、哲學、政治制度、書法繪畫、金石學……規模之宏大，研究之精微，令人嘆爲觀止。

民國學術推動了現代學科體系的建立。在對傳統文化整理和研究的基礎上，吸收西方的文化思想和理念，推動和建立了中國現代學科體系。例如，在對語言文字和音韻學成果進行整理、研究的基礎上開始着手規範之，建立了國語學；深入研究書法、國畫，將其融入了現代美術學科；在廢除舊有學制後逐步建立起小、中、大學較完整的科目和學科體系。

民國學術也改變了傳統學術方式，建立了新的研究範式。以現代科學考古爲發端，科研的實踐和成果使中國知識界真正認識到在實驗、比較基礎上的邏輯分析對學術研究的重要，推進了中國學術的一大演變。至於我們常説的打破士大夫傳統、走出書齋到田野鄉村和市民中進行調查研究、結束了經學時代、以歷史眼光檢視儒學和諸子等等，都是確立新學術範式的努力。這一轉變，也標誌着中國學術界脱胎换骨，全面進入了現代，爲此後的學術發展奠定了堅實的基礎。當然，西方啓蒙運動以來，在「現代性」和「現代化」裏潛伏着的缺陷和謬誤也傳到了中國，這些不能不在前哲的著作裏留下痕迹。這並不奇怪。類似的情況，古往今來孰能免之？猶如今天的我們，誰敢自稱我之所見就是永恒的真理？在這個問題上兩個時代所異者，或許就在昔時大家創立新説或譯註西學著作，往往是懷着對學術和前哲的敬畏而爲之，故而常常誤不在我；當今則往往出於對學問和他人的輕蔑，或以所研究的對象爲謀己的工具，因而難辭主觀之咎吧。翻閲他們的心血之作，這些復雜的狀況可以顯見，可以視之爲我們的一面鏡子。

滄海桑田，世事變幻，歷史的動盪和時代的遮蔽，使當年許多大師的一些極有價值的學術著作被棄於故紙堆中，不能不令人有遺珠之憾。爲此，山西人民出版社不惜以數年之艱辛，披沙瀝金，編輯出版這套近代名家散佚學術著作叢刊，凡一百二十册，計文學、史學、政治與法律、美學與文藝理論、民族風俗、宗教與哲學、經濟、語言文獻共八大類别。所選皆爲作者之純學術著作，無論是其見解、精神，抑或是其時代烙印，都是後輩學人可資借鑒的寶貴財富。他們出版這套叢書，意在讓世人不忘來程，知篳路藍縷之不易，爲民族文化的傳承再增薪木。

出版社的初衷，與我近年來所思所慮近似，故願略述淺見於書端，以與策劃者、編輯者和讀者共勉。

二〇一四年七月六日

改定於自安東回京途中

前言／二十世纪学术大厦散落的珍贵基石

◇李明君

二十世紀前期，注定是中國學術研究跨入現代科學發展風雲際會的時代，它基本上奠定了本世紀學術大厦的基礎。

進入二十一世紀後，當我們站在輝煌學術大厦的頂端，躊躇滿志地回眸近百年學術成果的時候，在大厦的上空，似乎迴旋着一種久已消逝的聲音；在大厦的背後，似乎散落着一些久已塵封的基石——它們，便是一些散佚的二十世紀前期的學術著作。這些在當時乃至後來都産生過重大影響的名家學術著作，一九四九年以後，基本上没有在大陸再版，因而逐漸沉没在忘卻的海洋裏。

七八十年之後，當我們拂去灰塵，重新審視這些散佚的學術著作時，才發現它們的價值是如此的珍貴，成果是如此的豐厚，研究是如此的深入，而傾注的情感又是那麽的深沉。重讀這些經典，仿佛是聆聽這些儒雅的學者給我們講述民國學術的蹉跎歲月，唤醒了我們久已淡忘的歷史記憶。

一、西學東漸與承前啓後

二十世紀前期，西風東漸，中西文化交流擴大，新知識、新觀念大量涌入我國。倡導科學精神與采用科學研究方法，不僅衝擊了中國原有的知識體系和思想觀念，更爲現代學術思想的更新和研究拓展了空間。

這一時期的學術研究集中地體現在繼承、清理傳統學術的「承續先哲將墜之業」和「開拓學術之區宇，補前修所未逮」（陳寅恪王靜安先生遺書·序）兩個方面。學者們既是傳統學術的繼承者，又是現代學術的開拓者。

二、清理拓荒與學術奠基

辛亥革命之後，社會文明進步，文化教育普及，學術研究也力求使高深的學問向普及的大衆化知識轉化。故而，其時以基礎的和通論性的著作爲多見。

例如，邵鳴九的國音沿革六講、胡以魯的國語學草創、羅常培的國音字母演進史、吴貫因的中國文字之起源及變遷以及王力的漢字改革等即屬此類。

而論點集中的專題性論著，如王力的南北朝詩人用韵考、王光祈的中國詩詞曲之輕重律、白滌洲關中入聲之變化等，則以其研究深入和範疇擴展而更有價值。

這些學人以杰出的膽略、識見、才華，以及對本學科知識的通體了解，破除成見，大膽創新，開創了二十世紀學術發展的新局面。

三、學出多門與新式教育

這些學者們知識豐厚，見解獨到，憑藉着傳統文化的根底和新鋭的西方現代學術觀念，意氣風發地縱横文壇，在多個領域都有建樹。

他們大多具備深厚的國學修養：如夏敬觀爲清光緒年舉人，工詩善詞，兼治經學。盧冀野是曲學大師吴梅的門生，錢玄同爲國學大師章太炎的弟子。

而新式的學校教育和出國留學則直接學習西方科學的理論和方法，爲中國的學術研究注入了新的活力。

本編的作者們大多留學於歐美東洋，有過親炙現代學術導師和受現代學術訓練的經歷。如沈兼士、胡以魯、吳貫因等曾留學日本，王力留學法國，周傳儒有過英國劍橋、德國柏林大學的求學經歷，而王光祈則客居德國十多年，於政治經濟學與音樂學多有研究。

這些學者們歸國以後，或執教於高等學府教書育人，或投身於科研機構潛心工作，爲以後的著書立説進行知識的儲備。

本編中周傳儒、羅常培、顧實的著作即是在大學講義的基礎上創作的，白滌洲的關中入聲之變化也是在陝西關中四十二縣方言調查的基礎上撰成的。由於這些著作經過教學實踐和實地考察，因而研究成果扎實，學術含量深厚。

本編不少作者除音韵研究術有專攻之外：邵鳴九在傳統經學、幼兒教育、日本教育、地方行政教育、院校學科管理方面著述甚多；王光祈有音樂、戲劇、美術、國防、外交、政治方面的譯作論著幾十種；盧冀野於古代戲曲、詞曲、詩歌、小説、散曲、舊體詩等方面也著述豐厚。

民國學者知識廣博，師出多門，不囿一業，是一種非常普遍的現象。

四、資料功夫與科學解釋

王國維先生曾説：「古來新學問起，大都由於新發見。」（王國維最近二三十年中中國新發見之學問）掌握新資料，采用現代科學理論研究新問題，是二十世紀前期學術研究的鮮明特點。

民國初年，地不愛寶，考古新材料如殷墟甲骨、敦煌遺書、西陲簡牘相繼出現，爲現代學術研究提供了豐富的資料基礎。學者們充分利用考古新資料和西方現代音韵學研究的理論及方法，使語言文獻學的研究得到長足的發展。

例如，周傳儒的甲骨文字與殷商制度就利用了殷墟考古出土的甲骨文資料，魏建功的十韻彙匯編資料補並釋則利用了國內外的敦煌石窟、高昌古城發現的古韵書新資料。

而胡以魯采用現代人類學、心理學、生理學理論對語言的發生、變化以及口舌發音的科學解釋，王光祈將我國「平聲」之字與近代西洋語言之「重音」與古希臘文字之「長音」的比較，以及白滌洲采用幾十幅圖表反映關中方言入聲變化規律的研究，都令人耳目一新。

這些學者們在研究問題時采用的資料之豐富、理論之新穎、考察範圍之廣袤、考釋方法之縝密，都是傳統研究者所難以達到的。

五、良好的學術環境與端正的學術風氣

經過了六七十年的時空距離，我們似乎不得不承認一九二七年至一九三七年的這十年，雖然社會動盪、戰亂時起，但卻是中國學術發展環境、學者精神狀態與物質待遇都相對優越的年代。這十年間，中外學術交流頻繁，科學研究興盛，學術成果豐碩。本編作品，基本上都撰成或出版於這十年。

這期間學術研究的繁榮與發展主要表現在以下諸方面：

（一）前輩學者對新學者的推崇獎掖

民國初期，前輩學者對青年學子的獎掖成爲風氣：梁啓超就盛贊清華國學院學生王力的中國古文法爲「精思妙悟，可爲斯學辟一新途徑」。章太炎也稱譽胡以魯的新著爲「精微畢輪，黄中通理，其用心可謂周矣」（章炳麟國語學草創序）。而當時的胡以魯才僅僅是個留日歸國的本科學士。

（二）學術觀點表達自由，學術争論視爲雅事

學術争論是提高保持學術活力、學術質量，維護學術尊嚴的重要形式。學術争論提倡百家争鳴，以理服人。

學者周祖謨針對音韵學研究中固守舊説的現象，認爲「學者求知，貴得其真，豈可專己守殘，隨聲附和」（周祖謨古音有無上去二聲辨·字辨第五）。顧實也以「發明古籍之奥蕴，是正世儒之訛謬」（重考古今僞書考·蔣維喬序）的膽略，重考清代辨僞名著古今僞書考。

學者邵鳴九針對有人視唐代三十六字母與北宋廣韵爲金科玉律的觀點，風趣地説：從周到秦「若説這一千年之中，標準音一些也没有變，姬昌和嬴政竟可促膝而談，相説以解，恐怕没有這種情理」（邵鳴九國音沿革六講）。

那個時候，不僅學術評價實事求是，而且學者之間相互尊敬，有着良好的學術氛圍。

例如，沈兼士就「極爲感謝」李方桂、林語堂、魏建功等人對其「右文説」的專函討論，認爲「諸説均足訂補鄙見之不足」（沈兼士右文説在訓詁學上之沿革及推闡附識），體現了一種學人的雅量。

吴貫因針對拼音字母必將取代漢字的時論，力排衆議，認爲「全廢漢字，前途尚覺遼遠」（吴貫因中國文字之起源及變遷）。現代漢字發展證明他的預見是正確的。

（三）學風嚴謹，資料來源清楚

嚴謹的學風與註明資料來源，是學術品德高尚的表現。白滌洲在著作中附録的關中入聲變讀聲調譜部首索引，是自古以來傳統文獻所鮮見，而現代學術著作不可或缺的書籍檢索構成。

魏建功、邵鳴九、王力等學者在引用他人論述時，均説明來源，標明作者的時代、書名、篇章，對引文亦如實迻録，低兩格排印，以示鄭重。既不掠人之美，又無曲解原義。

（四）學風端正，著述言簡意賅

本文作者曾經統計了語言文字編的八九本著作的頁碼與字數：其中頁碼最多、書籍最厚者是胡以魯的國語學草創，一百四十七頁，頁碼最少、書籍最薄者爲王光祈的中國詩詞曲之輕重律僅四十一頁；而書籍字數最多者爲七萬三千多，最少者則不足二萬。

雖然這些書籍都很薄，但在撰寫中卻用力甚勤：學術內容豐厚，書籍章節完備，文字表述精準，毫無浮滑不實的繁言蔓詞和故作深奧的賣弄之嫌。

面對這些沉甸甸的精深之作，反觀時下動輒幾十萬言的「皇皇巨著」，學術水平的高下自然不難判斷。

六、憂患意識與書生報國

「位卑未敢忘憂國」這種偉大的愛國情懷，每當國家危難之時，無論在傳統文人還是在現代知識分子身上都表現得那麽深沉。

的確，在國難之時，挺身而出，積極參與，是一種非常可敬的愛國行爲。即如中國詩詞曲之輕重律的著者王光祈，就積極參加過四川的保路運動和北京的「五四」遊行、籌辦過「少年中國學會」，是一位熱情的社會活動家。廣中原音韵小令定格的著者盧冀野，抗戰期間創作的中興鼓吹曾分贈前綫將士，起到了鼓舞士氣的作用。

然而，就知識分子群體來説，絶大多數人則不可能奔赴疆場，那麽像明末清初的「易堂九子」那樣，「兄弟戚友保聚一地，相與從容講文論學於乾撼坤岌之際」（陳寅恪贈蔣秉南序），就是一種更爲深重地延續文脈、保存國粹的愛國行爲。即如抗戰期間的西南聯大、中央研究院的學者們，在艱苦的條件下，或考察研究，或教學著述，無疑是一種文人的報國方式。

學者王力就將做學問與抗戰聯繫起來，他説：「前方將士正在浴血苦戰的時候，我們這班文人還安享着國家的俸給，清夜捫心，實在慚愧。若對於國家當前的問題，也不肯本平日所學，貢獻所知，則國家養士何用？」（王力漢字改革·自序）知識分子的愛國真情表露無遺。

而像劉半農那樣在考察方言途中染病逝世，像白滌洲那樣，在家中連喪五位親人之後還忍痛遠赴西北進行考察，不久也因病而逝的報國行爲，就更加感人至深，令人噓唏。

書生報國，鞠躬盡瘁，死而無悔，是那一代知識分子共同的情操。

七、結集出版與刊物發表

出版印刷的興盛爲二十世紀前期的學術繁榮做出了突出的貢獻。民國時期許多優秀的學者如張元濟、高夢旦、王雲五等相繼入主出版，更多的學者如胡適、胡愈之、沈雁冰、葉聖陶等參與編輯。他們氣度豁達，慧眼識珠，出版專著，創辦刊物，編纂文庫，結集叢書，使許多學術新見解和研究新成果得到了及時、多元的表達，加速了學術研究的發展與傳播。

本編的著作大多初版即爲專著。也有一些學者如沈兼士、王力、周祖謨、白滌洲等的著述卻是先發表於刊物，後來才抽印成專著的。這些抽印本有過學術討論的積澱，水平自然可嘉。

二十世紀初，雖然白話文與新式標點曾遭到激烈反對，但它們還是以明了通暢的形式佔據了民國文本形式的主流。本編的作者們大都能較熟練地運用白話文進行寫作，有時「因欲與引证文字相符合」，而不得已采用文言文時還特地加以説明（邵鳴九國語學沿革六講·例言）。這種爲讀者着想的方法無疑促進了中國學術由高深奥妙向大衆「公器」的轉變。

民國書刊的排列雖因時代新舊交替而橫、竪并存，但統一采用新式標點符號，則是學者們引領潮流，與時俱進思想的表現。

撫今追昔，當我們掀開這些泛黄的書頁，看着似曾相識的繁體字，竟萌生出一種撫摸民國學術體温的感動。

他們的貢獻無愧於那個時代，他們的著作堪稱爲學術經典。

是以爲序。

二〇一四年五月十五日於三亞學院

作者簡介

周傳儒（一九〇〇年—一九八八年），四川江安縣人。一九一八年畢業于北京師範大學史地系，入商務印書館任編輯。一九二五年考取清華大學研究院，一九二八年畢業，入北京師範大學等校任教。一九三一年以全國第一名考取官費留學，入英國劍橋大學，專攻世界史和近代外交史，後入柏林大學學習，一九三六年獲博士學位。一九三七年回國，後任東北大學、西北大學、遼寧大學等校教授。系九三學社會員，曾任中國史學會理事、英國史學會理事、遼寧省史學會顧問、遼寧省政協常委等職。有中國古代史、甲骨文字與殷商制度、書院制度考等著述。

自序

甲骨之學，爲一極新穎極專門之學問，十年以前，研究甲骨文字者，寰宇不過數人而已。降至今日，甲骨之出土日多，文字之研究日盛；尤以十七、十八年之殷墟系統的發掘，更能使斯學得爲科學之處理。今治甲骨學者，頗能向小學、史學、經學、考古學、社會學諸面追求；而治上述諸學者，亦能取材於甲骨及與甲骨同時出土之附屬物及其遺跡，甲骨之研究，與其他學術乃有逐漸發生密切關係之勢。

余之認識甲骨，始於民國十四年，維時肄業清華，王靜安先生，屢以甲文釋羣經、釋古文，並訂正說文之得失，然以非余所習之專業，旋亦廢置。民十七、十八年，中央研究院發掘殷墟，所得遺物，盈數百箱，余時寓居北平，得屢往參觀，李濟之先生並娓娓爲余道發掘之經過及所得遺物之種類與意義，於此使余之於殷墟發掘乃發生濃厚之興趣。迨安陽發掘報告書出，間以與地質調查所所出沙鍋屯仰韶村諸報告相較，使余於中國古代文化之淵源，更爲瞭然。

十九年，余任瀋陽東北大學教授，授中國上古史，其中關於殷史之一部分，完全以甲骨文爲主要材料，而探討之範圍，則軼出王靜安先生古史新證之外。余向治史學、社會學、考古學，以之與甲骨學打成一片，殊覺別有境界。講義既成，亦嘗請友人徐中舒、吳其昌爲之校訂，惟以人事鞅掌，迄今尚未潤澤修改付梓。

本年春，中舒復以殷墟之發掘爲題，囑余爲開明代撰是書，余乃欣然諾之。於是著手搜集材料，從事考訂。中舒時在北京大學任殷周史料考訂一課，於全書規模，亦多所參訂。其第二、第三兩章，歐取材於董作賓之殷墟沿革及甲骨年表二文。第四章之材料，全得於中舒。第五章取材於北平圖書館金石部友人劉文植處，第六、第七兩章，則大部分根據於余所著之中國上古史講義。第八章根據於中舒殷周史料考訂大綱；東北大學單慶林時往筆受，又以其所記見借，可得恣意取材。以上諸人，皆余極其感荷者也。

自春及夏，人事鞅掌，非有中舒之敦促鼓勵，余幾不能成書。在羣書狼籍中，揮汗握管，聽高樹之蟬嘶，聞草間之蟲鳴，覺造物者之故奏其天籟以助余之淸興也。書既成，因述其經過之大凡如此。民國二十二年八月初八日，周書舲在北平。

目錄

第一章 導言

近代治學，注重材料與方法，而前者較後者尤爲重要。徒有方法，無材料以供憑藉，似令巧婦爲無米之炊也。果有完備與珍貴之材料，縱其方法較劣，結果仍忠實可據。且材料之搜集、鑑別、選擇、整理，卽方法之一部、兼爲其更重要之一部，故材料可以離方法而獨立，此其所以可貴焉。

上述之理，施之任何科學，莫不皆然，不論其爲自然科學、社會科學、應用科學，其研究之基礎，討論之範圍，莫不以材料爲依據，且爲材料所限。是以有材料卽有學術，有新材料卽有新學術。反之，如無材料卽無學術可言；或材料缺乏，其結果亦無精彩。

材料貴豐富、貴完備、尤貴眞確。學者之治學也，必先廣事搜羅，待材料旣集，然後加以分析、分類、比較、綜合、假設、求證，於是論斷出焉。論斷之確否，基於證據，孤證不立，必博證之，求之反，求之正，無不皆宜，斯成名論。欲求博證，非材料豐富完備不可，如其材料未盡，不足爲定論也。

然學問貴進步，往往有某種原則原理，舉世認爲不朽名論者，經數十百年復行推倒，新原則原理取而代之，求之各種科學，其例甚多。新原理原則之成立，無不基於其所搜求之材料，非其材料更爲豐富，即其材料更爲眞確。故治學貴於豐富完備之中，更求眞確；倘於豐富完備之外，能有一種新材料發現，彌足珍矣。前人之所治，後人益加廣焉，新材料繼續發現，斯學問繼續進步。

以上汎論材料之重要，謂凡百科學，莫不以材料爲根據。歷史、社會科學之一也；社會科學，胥重搜集材料，歷史不能獨外。且以近代學術趨勢言，歷史學與考古學俱傾其全力於材料之搜集，故有歷史學即史料學之語。法人朗格諾瓦(Lauglois)云：「歷史由史料構成；無史料斯無歷史矣。」此眞不朽之名言也。

在近代中國史學界，或廣言之曰在近代中國學術界，有一震古爍今之事發生，卽殷墟之發掘是已。所謂殷墟者，蓋殷代之故都，三十年來其地不斷發現許多龜甲、獸骨、陶器、石器、骨角器，經發掘之結果，又掘出許多陶器、銅器、銅範及人骨，大多數皆三千年前遺物：爲考究殷代史之絕好資料。孔子曰：「殷禮吾能言之，宋不足徵也；」孔子所不能徵者，吾人能徵之，其名貴與新穎爲何如乎？

關於殷墟之蘊藏，目前發掘雖告一段落，然絕非罄竭無遺。是以殷墟在中國學術界之地位與價値，目前尙不能爲最後之估計。說者謂再作一度有組織的、大規模的、科學的發掘，必能得更多之新材料，且可以提供更多之新論證云。

單就目前所得所知者而言，殷墟在中國學術上已據不朽之地位，殷墟所發現之遺物，使已爲吾人所遺忘之三千年前之歷史忽焉再現，其遺物之豐富精美，較之世界上任何文獻、任何史料、任何骨董，俱無遜色。故謂殷墟爲中國一大寶藏，殷墟之發掘爲中國學術界一大事業，俱無不可。就殷墟之材料，作科學之探索，其於歷史上、社會上、文字上，最低限度有三種貢獻：

一．關於殷代帝王之世系、年代、名號、事蹟及殷之諸臣；史記殷本紀歷歷言之詳矣。其他竹書紀年、世本、尙書亦各有所記載，雖詳略不同，而治古史者寶之如拱璧。惟史記爲漢時人作，上距殷約千年；以千年後人說千年前事，未必可靠，而竹書紀年、世本、尙書又各輾轉抄襲，眞僞雜糅；三代史案，允爲疑獄。自殷墟契文出，所載殷代帝王世系名號及諸臣，般般可考，殷史遂成定讞。並可以證明史記所錄，全有根據；卽竹書紀年等書，亦各有大部分史實存焉。新舊史料互相證明，於研究古史上裨益極大。

二．國人治學，向不注重社會狀況，關於古代社會，尤覺茫然。詩、書、易中誠不少古代社會史料，然僅斷簡殘句，枯窘之至，且其年代又往往不能確指，社會進化之程序，莫由考核。昔人謂世運愈降文治愈趨墮落者，其說信屬荒謬；然無反證，亦無以說明其非。自殷墟遺物出，然後知殷代實爲金石並用時代，雖其文化已粲然可觀，然去現代文明之域甚爲遼遠。且據殷虛書契言，殷人尙爲一佃獵游牧民族，農業尙未十分發達也。殷之社會組織，史家斷爲氏族社會，有謂其實行羣婚者。要之居今日而言中國之信史，當自殷代始。

三、中國治文字學者，向來根據說文，說文漢時書也，其解說未必全是，經學家、小學家盲目從之，往往有以盲引盲之感。至清代學者嚴可均、王筠、阮元、吳大澂、孫詒讓諸人出，往往參用吉金，洞見文字本原，以匡說文之謬。然吉金多周時物，雖較說文高出一籌，仍非最古之字。自殷墟書契出，然後小學家得最後之根據，以甲骨文釋金文，以金文釋說文，於是文字之本原與變化，乃得大明。故有甲骨文而後，文字學之本身，乃得一大進步，其他羣經諸子，與文字學密切相關者，亦隨之得一大進步，其有功於吾國歷史語言之學，豈淺鮮哉。

第二章　殷墟之由來與經過

商代都城，屢經更易，史稱自契至成湯八遷。契以前居亳，契始遷蕃，昭明遷砥石，又遷商。相土東遷泰山下，復歸商邱。帝芬遷於殷。孔甲遷歸商邱。湯復遷亳。又稱自湯至盤庚五遷。仲丁遷於囂。河亶甲居相。祖乙遷於邢。陽甲以後遷於河北。至盤庚，乃始宅殷。自盤庚徙殷至紂之滅，史記正義引竹書紀年謂七百七十三年，更不遷都。考殷代十數都城之中，以都殷時爲最久，其次當推商邱。故殷人時或稱商，亦或稱殷。大抵在商之時，「商」字較爲流行，周以後，則殷字更通俗。在詩、書中，則二字亦多並用也。

殷爲殷代都城，歷七百餘年之久，其地位極爲重要，與周之豐、鎬，漢之長安、洛陽，六朝時之金陵，及近代之北平，有同樣之價值。且自光緒二十五年，殷墟發現大批甲骨後，在歷史上、文字上、考古上貢獻俱大，於是「殷墟」一辭，播騰衆口，關於其他之由來與經過，愈爲治國學者所欲知焉。

盤庚以前，殷墟之地，稱北冢，或作北蒙。史記殷本紀正義引紀年「盤庚自奄遷乎北冢，曰殷墟，南去鄴三十里。」通鑑地理通釋亦云：「相州安陽本盤庚所都，即北蒙殷墟南去朝歌城百四十六里。」

盤庚以十四年遷北冢，號曰殷。十五年營治殷邑，稍大其居。自是之後，歷小辛、小乙、武丁、祖庚、祖甲、廩辛、康丁、武乙、文丁、帝乙凡十代，不聞遷都之事。帝乙以後，都城無考。說者謂，殷墟濱洹近河，水患難免，帝乙之後，或者洪水暴發，都邑圮沒，殷人不得不流離轉徙，惟徙居何時，所徙何處，則仍不可考焉。至商紂時，乃都朝歌，朝歌距殷百數十里。

武王伐紂滅殷，朝歌及殷墟皆廢。據安陽縣志謂：春秋時殷墟屬於衞國，後又屬於晉之東陽。三家分晉，殷墟屬於魏之寧新中邑，後又屬於趙國。秦昭王拔寧新中邑，更名安陽城，於是殷墟屬於安陽。秦、漢之際，人皆知有所謂殷墟。水經注洹水篇曰：「洹水出山東，逕殷墟北。」史記項羽本紀云：「章邯使人見項羽，欲約。……項羽乃與期於洹水南，殷墟上。」漢時廢安陽，殷墟屬於河內郡之湯陰。史記集解引應劭曰：「洹水在湯陰界，殷墟故殷都也。」後漢末年，殷墟屬於鄴。

魏、晉、南北朝時，郡別不常，所屬亦異。初屬於鄴，晉置安陽，後屬安陽。北魏屬於湯陰，北周時仍屬於鄴。惟殷墟之名，歷代存在如故。隋開皇十年，置安陽縣，屬相州；又分安陽置相縣，殷墟屬於相縣之安延鄉。唐初置相州總管府，領安陽。武德五年，省相縣入於安陽，殷墟復屬安陽。五代時，安陽之名未改，殷墟之稱仍舊，統屬於彰德軍云。

宋時，殷墟之名漸湮，人皆知有所謂河亶甲城，而不知殷墟。據呂大臨考古圖所載「乙鼎」跋云：「右得於鄴郡亶甲城，高五寸八分，深三寸七分，徑五寸二分，容二升，銘二字。」又「亶甲觚」跋云：「右得於鄴亶甲城，高八寸四分，深五寸六分……」。又「足跡罍」跋云：「右得於鄴，高九寸八分……聞此器在洹水之濱，亶甲墓旁得之。」此處所引諸器之跋，一則曰得之於鄴郡，再則曰得之於亶甲城，三則曰得之於洹水之濱，綜而核之，

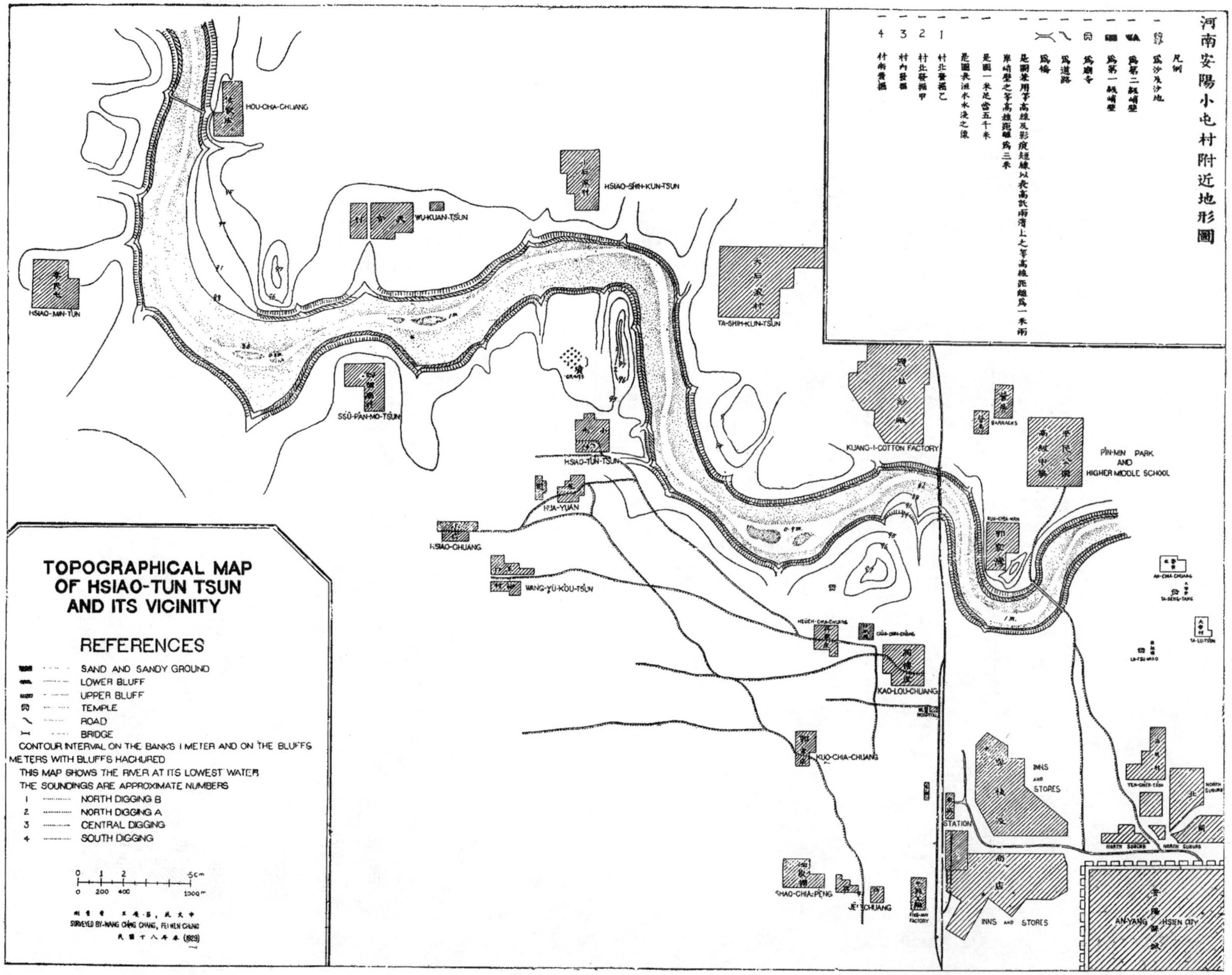
河南安陽小屯村附近地形圖
凡例
為沙及沙地
為第二級峭壁
為第一級峭壁
為廟寺
為道路
為橋
是圖兼用等高線及影痕短線以表高低兩渚上之等高線距離為一米兩岸峭壁之等高線距離為三米
是圖一米足當五千米
是圖表洹水水淺之像
1 村北發掘乙
2 村北發掘甲
3 村內發掘
4 村南發掘
TOPOGRAPHICAL MAP OF HSIAO-TUN TSUN AND ITS VICINITY
REFERENCES
SAND AND SANDY GROUND
LOWER BLUFF
UPPER BLUFF
TEMPLE
ROAD
BRIDGE
CONTOUR INTERVAL ON THE BANKS I METER AND ON THE BLUFFS METERS WITH BLUFFS HACHURED
THIS MAP SHOWS THE RIVER AT ITS LOWEST WATER
THE SOUNDINGS ARE APPROXIMATE NUMBERS
1 NORTH DIGGING B
2 NORTH DIGGING A
3 CENTRAL DIGGING
4 SOUTH DIGGING
0 1 2 5cm
0 200 400 1000m
SURVEYED BY-WANG CHING CHANG, FEI WEN CHUNG
民國十八年春 (1929)
HOU-CHIA-CHUANG
HSIAO-SHIH-KUN-TSUN
WU-KUAN-TSUN
HSIAO-MIN-TUN
TA-SHIH-KUN-TSUN
SSŬ-PAN-MO-TSUN
HSIAO-TUN-TSUN
HUA-YUAN
HSIAO-CHUANG
WANG-YÜ-KOU-TSUN
KUANG-I-COTTON FACTORY
BARRACKS
P'IN-MIN PARK AND HIGHER MIDDLE SCHOOL
KAO-LOU-CHUANG
KUO-CHIA-CHUANG
STATION
INNS AND STORES
NORTH SUBURB
SHAO-CHIA-P'ENG
JÊ-CHUANG
INNS AND STORES
AN-YANG HSIEN CITY

其出於殷墟無疑也。

金時，安陽屬彰德府，元時，安陽屬彰德路，殷墟仍屬安陽。據安陽父老相傳，明初有胡大海者，少時受辱於安陽，及佐明有天下，乃大殺安陽之人以報仇，城內外居民，十死七八。洪武間，始由洪洞遷民以實之，今安陽人多稱祖先來自洪洞。至明中葉，有卜居於殷墟附近者，積久成村，謂之小屯，萬曆四年墓磚契券，始見小屯之名。是後小屯之名屢易，或稱高樓莊，或稱崔家小屯，或稱後小屯，或省稱小屯。惟仍屬於安陽，安陽則屬彰德府，不變。

小屯村自有明初葉，已有人居，土地漸闢，田疇漸廣，迄於今，可數十百戶。因積年耕種之結果，曩時坵壠，變為平地，又其地濱洹，時有水患，平原亦往往變成丘陵。天然力與人工力之交互作用，而三千年來埋藏地下之殷商遺物，始有出現之機會。至光緒二十五年，甲骨文出土，迄於今約三十年，繼續發現不絕，於是殷墟之名，乃大噪於世。

參考書目

殷墟沿革　董作賓著。
彰德府志。

第三章 甲骨文之發現及其印行

殷墟，在今河南省安陽縣西北，約四五里。土人呼其地曰小屯，北濱洹水，南接鄴縣，與史記、竹書紀年、山海經諸書所載，咸相脗合。唐以前人，習稱之曰殷墟。宋以後，稱河亶甲城。小屯村之名，始於明代。其詳已見上章，不贅述。夷考載籍，殷墟之爲殷代都城，亘七百年之久，則其地必有許多殷代遺物，埋藏地下，此理至明。惟中國學者缺乏考古觀念，尤不明發掘之法，直至三千年後，此久埋土中之殷代遺物，始得重見天日，可謂大不幸矣。

殷墟遺物之偶然發現，前代殆數有之。至其正式發現，始於遜清光緒二十五年；而其正式發掘，始於民國十七年。民國十七年以前，所得資料，並無科學的記載，可統歸之於偶然的發現（Accidental discovery），共爲一期。民十七以後，所得資料，概用科學方法，記載整理，可統歸之於系統的發掘(Systematic excavation)，應當另劃一期，以下分兩章述之。

殷墟遺物之偶然發現，不僅一次，亦不在一時。隋、唐之交，其地淪爲荒冢，偶因葬埋，迭被翻動。據民十七、十八年三次發掘，村南村北所得隋、唐墓誌，不下二十餘處。中有卜仁墓誌，爲隋仁壽三年所葬；又有樊夫人墓誌，爲隋大業二年所葬。特此迭次翻動，有時卽破甲骨蘊藏處埋葬，惟彼時人士對於此種古物全不感覺興味，其掘出之物，據最近發掘所得，仍舊埋入土中。不然，則此種甲骨早已不能保存迄今矣。

宋時，殷墟遺物出土甚多。據安陽縣志引河朔訪古記云：「安陽西北五里四十步，洹水南岸河亶甲城，有冢一區，世傳河亶甲所葬之所也。父老云：宋元豐二年夏，霖雨，安陽河漲，水嚙冢破。野人探其中，得古銅器，質文完好，略不少蝕。衆恐觸官法，全貨於市。因擊破以鬻之，復塞其冢以滅跡。自是銅器不復出矣。」宋人呂大臨所著考古圖中錄諸器，如乙鼎，亶甲觚，商兄癸彝，足跡罍等，皆殷墟遺物也。

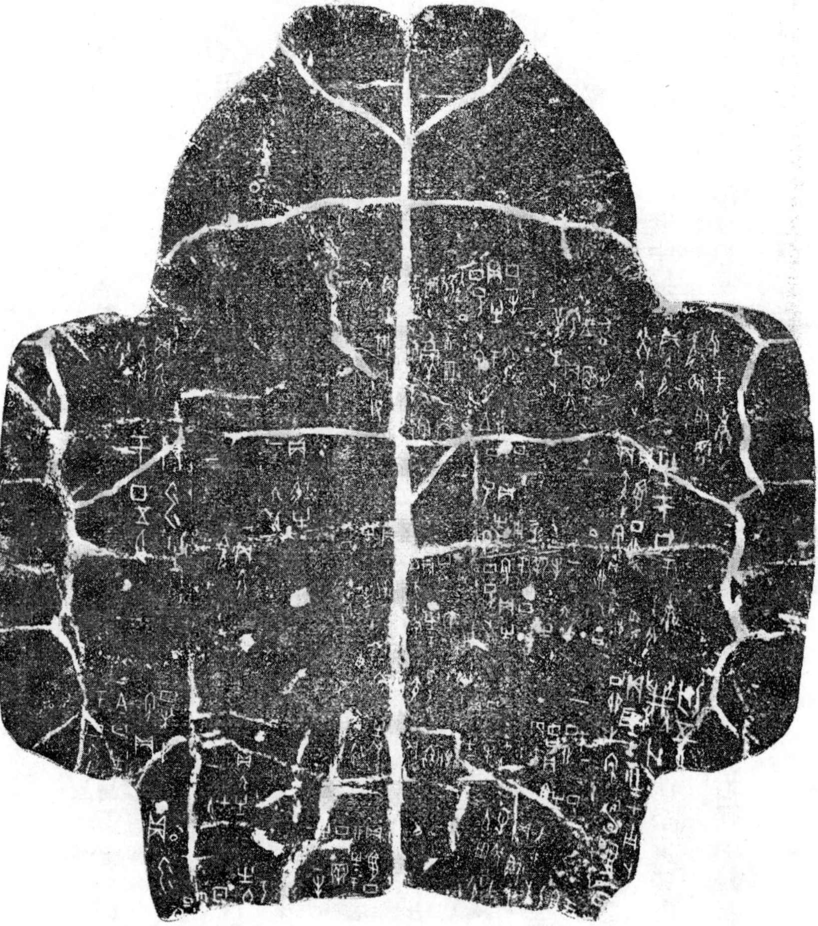

甲文（刻於龜之腹甲）

骨文（刻於牛之肩胛骨上）

殷墟遺物之正式發現，始於遜清光緒二十五年（西曆一八九九年）。初，安陽農民，在洹水河畔耕種時，偶於黃土層下掘出龜甲獸骨無數，以爲龍骨，售之藥店，可供醫藥之用，售價甚廉，甲骨之眞正價值，彼等固不知之，且其上刻有原始文字，彼等亦未注意也。光緒二十五年，山東濰縣古董商人范維卿爲端方搜買古物至小屯，見甲骨刻有文字，購若干片，獻端方，端大喜，報以重値，范乃竭力購置，搜獲甚多。

次年，范至京師，挾甲骨數百餘片。福山王懿榮、丹徒劉鐵雲、濰縣趙執齋俱與交易。王氏以位高多金，所得獨多，又旁蒐遠購，共約千片。劉氏更叩以甲骨所自出，范姓商人，堅不肯告。未幾，義和團亂事起，王氏所藏古物，俱運回福山原籍，得以保全。然王氏本人則竟死難。

自光緒二十五年以後，殷墟之龜甲獸骨，陸續出土，農民因有利可圖，更肆行掘發。其間損壞者不知若干，散失者又若干。二十八年王懿榮之子翰甫出所藏古物及龜甲，淸夙債，龜甲爲劉鐵雲所得。定海方藥雨得范姓所藏三百餘片，亦歸劉氏。趙執齋更爲劉氏奔走購買，一年之中，得三千餘片。總計劉氏所藏，不下五千片。

上虞羅振玉在劉氏處，始見龜甲獸骨，以爲「漢以來小學家，若張、杜、楊、許所不得見」，驚爲奇貨，因鼓勵劉氏，擇其字跡完好者千餘片，拓印爲書，次年（二十九年）出版，名曰鐵雲藏龜，凡六册。劉自序龜版出土及購求經過，羅以之考證經史，更正四事，此爲甲骨文字印行之始，亦卽羅氏與甲骨接觸之始。又次年，瑞安孫詒讓作契文舉例，成書二卷，自謂「衰年睹此奇迹，愛翫不已，輒窮兩月力校讀之，……迺略通其文字」云。

其在小屯方面，光緒三十年，曾經大規模發掘一次。本年冬，小屯人朱坤率領工人，於村北北洹水南岸，搭席棚，起爐灶，大事發掘，得甲骨盈數車。同村人崔文元等與朱姓爭挖掘之地，械鬬成訟，從此縣官禁止，不許挖掘，採掘之風稍戢。然盜掘之事，時時有之。宣統元年，村前張學獻家地，因掘山藥溝，發現甲骨文字，村人相約發掘，得骨條甚多。此兩次所得，大部運至京師，一部分散存各地。

談甲骨文者，無不知有上虞羅振玉，亦無不知有海寧王國維，良以甲骨片之蒐集，羅氏集其大成，而甲骨文之研究，王氏窮其奧祕也。羅氏自光緒三十二年（一九〇六年），開始蒐集，其始由骨董商人手中，輾轉購買，以范姓供給最多，不自滿足，更思直接批購之道。「訪之數年，始知實出洹濱」（五十日夢痕錄）。宣統二年，乃遣廠肆估人，祝繼先、秋良臣，「大索於洹水之陽，先後所得，乃逾二萬版」（前編自序）。羅氏汰屢擇尤，得三千版，仍不自慊，次年復命弟振常，妻弟范兆昌，至洹陽採掘，又得萬版，前後共得三萬版以上，爲歷來之搜藏家所不及。

羅氏搜藏既富，乃思印行問世，廣爲流傳。「寒夜擁爐，手加氈墨」（前編自序），方擬編綴，然不久辛亥革命軍起，羅氏遁往東瀛，盡將所藏甲骨，載入行篋，因展轉運輸及稅關檢查，損壞者十之五六。自是之後，羅氏蟄居日本數年，專以流傳甲骨爲事，並撰殷虛書契考釋一書，爲推闡其義，王靜安先生爲寫印行世。計羅氏所印行者，有下列諸書：

殷商貞卜文字考　羅振玉著　宣緒二年石印本。

殷虛書契前編　羅振玉著　民國元年影印本。

殷虛書契菁華　羅振玉著　民國三年影印本。
殷虛書契考釋　羅振玉著　民國三年寫印本。
鐵雲藏龜之餘　羅振玉著　民國四年影印本。

以上各書，不單爲甲骨文之開山著作，兼爲甲骨文之基本著作甲骨文之主要材料，大部包括於此中矣。殷虛書契前編、菁華二書俱爲原片或拓片之影印，紙張之勻潔，印工之精良，俱爲中國典籍所不多見，洵足珍也。

羅氏不愧爲中國第一流之骨董家，彼於蒐集骨甲文字之外，兼注意及於與骨甲同時出土之各種器物，如象、骨簡、石刀之類，歷年蒐集頗多。然彼尙不自滿，終於民國四年（一九一五年），親往小屯踏訪，所獲甚富，據五十日夢痕錄云：

「…三十日（陰曆三月）巳刻，抵彰德，寓人和棧，亟進餐，賃車至小屯，其城在郡城之西北五里，東西北三面，洹水環焉。彰德府志以此爲河亶甲城。宋人考古圖，載禮器之出於河亶甲城者不少，殆卽此處。近十餘年間，龜甲獸骨，悉出於此。詢之土人，出甲骨之地，約四十餘畝。因往履其地，則甲骨之無字者，田中纍纍皆是，拾得古獸骨一，甲骨盈數掬。其地種麥及棉，鄉人每以刈棉後，即事發掘，其穴深有二丈許，掘後即填之，復種植焉。所出之物，甲骨以外，蜃殼至多，與骨甲等，往歲所未知也。古獸角亦至多，其角非今世所有。……往歲曾於此得石磬三，與周官考工所言形狀頗不同，爾雅釋樂，大磬謂之毊。郭注，毊形犂綰。今殷虛所出，與犂綰狀頗似，意殷、周磬制不同。郭注云，似犂綰者，意是舊說，乃殷制與考工記所記異，考工記則與犂綰異狀矣……予舊所得，又有骨鏃，有象匕、骨匕，有象揥，有骨簡，有石刀石斧。其天生之物，有象牙，有象齒。今求之亦罕見，然得貝璧一，其材以蜃殼為之，雕文與古玉蒲璧同，惜已碎矣，為往昔所未見，獲此奇品，此行為不虛矣。予久欲撰殷虛遺物圖錄，今又得此，歸後當努力成之。」

蒐求甲骨文字，而旁及於器物，已屬難能可貴；更乃親身勘踏，實地調查；影印圖錄，尤為骨董家之創舉。雖然，羅氏僅保持其第一流骨董家而已，不足以言考古也。考古學者，貴能系統發掘精密記載，羅氏何足以當之。且關於四周之環境，地層之狀況，獸骨人骨之分佈，遺物發見之原始情形，及其他古人種種遺跡，亦未注意。計其所發現者，不及其所忽略者之多，其所珍襲者，不及其所毀壞者之衆；以考古學之見地言；誠功罪不相掩焉。

與羅氏同時之劉鐵雲，其才識遠邁羅氏，而際遇則不如。庚子之變，聯軍入都城，都人苦饑，道殣相望。劉氏乃挾資入北京，以賤價由俄軍手中購得太倉藏粟，糶諸民，民賴以安。而數年後，權臣某乃以私售倉粟罪劉氏，致流新疆以死。劉氏死後，其所藏甲骨，一部分爲上海猶太人哈同所得，一部分爲日人林泰輔所得，一部分爲丹徒葉玉森所得。

民國五年以前，甲骨之出土者，大部分爲羅振玉所得，一部分爲劉鐵雲所得，前既言之矣。民五以後，至民十七，甲骨之出者甚多，可得而記者，共有五次。民九，北五省大旱成災，小屯鄉民，迫于飢寒，相率發掘甲骨，村北河畔，搜尋再四，所得頗多。民十二，村人張學獻家菜園內，有甲骨出現，大者僅二片。民十四，村人大發掘於村前大路旁，得甲骨盈數筐，有長五尺餘者。民十五，村人於張家菜園內大挖掘，得胛骨甚多。民十七，北伐軍作戰安陽，村人因廢農作，乃大挖掘於村前道旁，得甲骨無數。其餘零星出土者，無法核計，亦有盜發甲骨，不肯告人者，更無從探悉。

凡此種種陸續由安陽出土之甲骨，多散在中外收藏家之手，就國人言之，天津有王襄，河南有時經訓，山東有柯昌濟，丹徒有葉玉森，上海有姬覺彌；就外人言之，日本有林泰輔，英國有考齡，加拿大有明義士，美國有查爾凡，以及猶太人哈同，各有所藏，並能拓印流傳，以公於世。是以民國五年以後，甲骨文作品，刊行甚多，其要者如下：

殷虛書契後編　羅振玉著　民國五年影印本。

殷虛書契待問編　羅振玉著　民國五年石印本。

殷虛古器物圖錄　羅振玉著　民國五年影印本。

殷虛卜辭　明義士著　民國五年模寫本。

戩壽堂所藏殷虛文字　姬覺彌編　民國八年石印本。

戩壽堂所藏殷虛文字考釋　王國維著　民國八年石印本。

龜甲獸骨文字	林泰輔著	民國十年石印本。
簠室殷契類纂	王　襄著	民國十年石印本。
殷虛書契補釋	柯昌濟作	民國十年自刊本。
殷契鉤沉	葉玉森著	民國十二年手寫石印本。
殷虛文字類編	商承祚著	民國十二年刻本。
說契	葉玉森著	民國十三年石印本。
研契枝談	葉玉森著	民國十三年石印本。
簠室殷契徵文	王　襄著	民國十四年石印本。
鐵雲藏龜拾遺	葉玉森著	民國十四年影印本。
殷虛書契考釋小箋	陳邦懷著	民國十四年刻本。
殷虛書契萃菁	王緒祖著	民國十五年印本。
殷墟拾遺	陳邦懷著	民國十六年石印本。

殷虛蘊契考　陳邦懷著　民國十七年石印本。

傳古別錄第二集　羅福頤著　民國十七年影印本。

甲骨文之出土，雖在中國，而甲骨文之研究與印行，則不限於中國。前言日本有林泰輔，加拿大有明義士，其實尚不止此二三人。日本人之知有殷墟甲骨，由於鐵雲藏龜之東渡，其初彼邦人士咸不相信。後本鄉文書堂購得甲骨數百片，乃大引起學者之興趣，競相搜求，收藏最多者，首推三井源右衛門，計三千片，其次爲林泰輔，計六百餘片。又次爲河井仙郎、中村不折，各百片、五十片不等。民國七年五月，林泰輔來中國，至安陽，親身考察，並帶回甲骨二十片，土器若干片，骨角器若干片，玉器若干片，銅器若干片，搜羅之範圍頗廣，以其具有考古學知識也。歸國後作文記其事，並附以自己之意見焉。

民國十年，林氏以自己所藏甲骨，合之椎石齋、聽冰閣、繼述堂所藏，共一千零二十三片，印爲龜甲獸骨文字凡二卷。林氏又以己意，將所識之文字二千三百一十九字，分爲五類，一天象，二身體，三家宅器物，四動植物，五山川田土。頗爲研究甲骨者闢一新途徑。較之死守說文者強多矣。據林氏云，日人之研究甲骨者，尙有河井仙郎、高田忠周、後藤廟大郎；其餘新進學者尙多。然則斯學之於東瀛，其盛不下本邦也。

西洋人之搜藏甲骨者，有英人考齡 (Couling) 美人查爾凡 (F. H. Chalfant) 兩人皆爲濰縣牧師，從范姓估人及趙執齋親屬購得甲骨文字殘片甚多。考氏作河南所出之奇骨一文，述甲骨之發現形狀與內容頗詳，自命爲甲骨發現者，又自稱前後到中國，專門採辦甲骨三次，其所搜買之甲骨，皆售與各地博物院，現下列諸院，所藏甲骨不少。

Carnegie Museum, Pittsburgh.

Royal Scottish Museum, Ediughburgh.

British Museum, London.

The Field Museum, Chicago.

此外英人荷布金(L. C, Hopkins) 加拿大人明義士(J. M. Menzies) 皆爲甲骨文之搜藏家與研究家。荷氏之所搜集，多由考齡處輾轉得來，曾作有甲骨上所刻之葬歌與家譜一文。明義士爲彰德府牧師，以民國三年春，親至小屯，考察甲骨情形，以後常來往其地，其始所得多大片，然皆僞物，後乃留心小片，能辨別眞假，然後及於大片，所藏約五六萬片。民國五年，明氏將歸加拿大，乃由數萬藏片中選出二三六九片，印爲殷虛卜辭一書，皆爲模寫，不免失眞，然明氏自謂歷時三年，凡三易稿，又不可謂不勤矣。

參考書目

甲骨年表　董作賓著。
五十日夢痕錄　羅振玉著。
卜辭中之古代社會　郭沫若著。
日本甲骨之收藏與研究　徐嘉瑞著。

第四章　系統的發掘

殷虛之系統的發掘，始於民國十七年。民十七以前，非無大規模之發掘，亦非無有意之發掘，然悉歸納於偶然的發現者，以前此發掘，不合科學原則也。前此之發掘，主其事者，根本不知考古爲何事，而挖掘之工人，又毫未受科學訓練，其惟一之目的，曰牟利而已矣。計其所獲得者，不如其遺棄者之多，計其所保存者，不如其毀滅者之衆。雖不無骨董業上之價值，然律以考古學之精神及方法，相去甚遠。

十七年以後之發掘，根本上與前此發掘不同者，約有二端。

其一曰搜集範圍，不限於甲骨也。從事挖字骨者與骨董商人，但知有字之甲骨可貴，不知無字者亦屬可貴，更不知甲骨之外，其他附屬物，尤屬可貴。十七年以後之系統的發掘，除甲骨外，更旁及於獸骨、人骨、陶片、銅器、銅範、石器等。總而言之，無論一石一木，但經三千年前之殷人所製造、所使用、所遺留，無不珍同拱璧，一例搜羅。

其二曰遺物產狀，有詳細記載也。向日之挖取字骨者，隨挖隨填，隨取隨棄，往往一段地層，被翻動數次數十次之多，於是甲骨出於何層？產狀何若？無從明晰，其他附屬物更無論矣。系統的發掘，則各段均有地圖，各層亦有記載，原產狀況，附屬物種類，及其他一切遺跡，無不有詳細之敘述，尤其注意於彼此相互之關係，此則非骨董家所能夢見者矣。

十七年以後之系統的發掘，主要者約三次。主其事者爲中央研究院語言歷史研究所。實際上負責發掘之人，如李濟之、梁思永、董作賓等，皆富有考古學之知識與經驗。其從事時，惟恐或有損傷，記載則務求詳細，搜集、鑑別與研究，皆一以科學精神爲準。故其結果，似較滿意。關於發掘經過情形，具見該所出版之安陽發掘報告，已出版者共有三期。茲再扼要敘述如左。

中央研究院語言歷史研究所，以殷虛甲骨，在過去之三十年中，層出不窮，爲探尋其究竟起見。乃派董作賓前往實地調查。董君於民國十七年八月十二日。親赴河南安陽縣以甲骨著名之小屯，相察地勢，考查遺跡，購求骨甲，訪拾舊聞。既知甲骨尚有遺留，而近年之出土者，又源源不絕，乃決定商由國家學術機關，以科學方法從事發掘，一以探古物之蘊藏，一以免遺跡之損壞。

董君將調查報告及發掘計畫書交到中央研究院後，院中當局，深表贊同，於是爲公務上之接洽，及經費方面、器具方面、人員方面之籌備，歷時兩月，諸事就緒。至十月七日，董君率發掘隊抵小屯，而第一次之殷墟的系統發掘，於以開始。惟此次發掘，仍爲試掘性質，規模不大，人員亦少，僅隊員六名，工八十五名。

十月十三日，實際工作開始，先由小屯村北之河丘着手，歷時四日，凡掘十個坑，採輪廓、集中、打探三法，都無所得。十七日，改在小屯正北之劉姓穀地試掘，歷時三日，又掘七坑，所得字骨仍甚鮮。二十日以後，因聞村中亦出骨甲，而轉而求之村中，於張學獻宅對面小菜園內，園東麥場南之田中，及韓姓宅畔之道路上三處，又掘十九坑，結果良好。至三十日，工作告一段落。

此次發掘，自十月十三日起，三十日止，前後十八日，掘出之物，計字甲五五五片，無字甲五〇四片；字骨二二九片，無字骨一一一九片；骨器二八件，骨料二八件，獸骨六二件，人骨三件，貝及蜃器九六件，玉石器四二件，銅器一一件，鐵器十件，陶器四九件，除人骨、鐵器、玉器外，大部分皆殷人遺物也。

董君以天氣日短，安陽又多匪患，且工作太重，範圍太廣，非有較久之時間，較多之經費，及各項專門人才，不能竟其功。乃於十月三十一日，將發掘之事，暫告結束。掘出之物，則整理封存，交彰德高級中學妥爲保管而歸。此第一次殷墟系統的發掘之經過也。成績雖不甚佳，方法亦未完善，然後來之大規模的科學的發掘，實肇端於此。

第一次試掘，既頗有結果，中央研究院，遂擬大舉搜求，以探殷人蘊藏之祕奧。十二月，聘李濟博士爲考古組主任，主持安陽發掘事宜。李、董兩君再赴安陽，査勘籌備第二次發掘計劃。十八年三月，研究院考古組全體赴安陽工作，自三月七日開工，至五月六日停工。

初在村南試掘，發現甲骨及隋、唐墓葬。繼又在村北棉花地試掘，因無結果，乃回到村內張學獻麥田上再掘，發現了未經擾亂過的殷商儲積甲骨出產之原始狀況，乃得完全說明。

村內發掘時間，自四月十九日至五月一日。地點在張宅麥田內，因地層未經翻動，故其構造可得而言；大概在最上之一層，爲現代的堆積，歷時三百餘年，其下一層，爲隋、唐墓葬，歷時二千餘年，最下一層爲殷商文化層，歷時數千年。其構成之原因，則由於洪水之衝積與沉澱。蓋殷人故都，因洪水而墟廢也。

此次發掘，歷時兩月，得甲骨有文字者六百八十版，無字者甚多，此外又得古器物、獸骨、蚌殼、陶片、箭鏃之類，不計其數。其他與殷人文化無關者，爲樊夫人墓之發現，及淹斃成童之發現，雖不足以說明殷人文化，而殷墟沿革，可於此中求之。

五月六日，考古組因軍事突與土匪蠭起，方停止發掘，掘出之物，一部分運北平研究，一部分留當地高級中學保存：此第二次發掘之經過也。最大之貢獻，爲小屯地層之說明，及殷墟遺物之由來與構成之說明，自骨董家之眼光觀之，不可謂成功，而自考古學的立場言，則其價值甚大。

十月七日，中央研究院考古組再赴安陽，爲第三次之發掘。十月二十一日，河南民族博物院長何日章，亦商得省當局之同意，自動發掘，中央研究院之工作，於是停頓。後經研究院與省政府再四磋商，於是決定辦法五條，大意爲由省政府派人參加，並將工作經過隨時報告，至古物之處理，則由省政府與研究院共同決定。

十一月十五日二度開工，十二月十二日結束。工作地方爲小屯正北水溝之兩岸。再東有沙丘一處、高九十餘米，爲十月間工作之所也。溝西沙岸起伏，然皆不甚峻，曾於此試掘，旋卽作罷。復集中於溝東沿沙丘左近。計掘縱溝九道，橫溝十四道，支溝若干，大連坑一，村北大部分，悉被翻動。

至其地層構造，表面上之一層，雜有綢硾與石刀片等，爲他處移來之物。一米至二米，全爲褐色土，土性堅硬。至二米半，土發黑色，漸雜黃沙，陶片亦漸見。三米以下，掘出陶片蚌殼、獸骨、木炭等極多。在橫十三、十四兩溝，發現龜版夾骨版甚衆，凝結極固。並於橫十三及大連坑發現隋唐墓葬，爲後代插入，與殷墟考古無關。

總計第三次發掘，第一度歷時二週，第二度歷時四週，前後一月又半，工作之地，集中於村北一帶。掘出之物，單就有字甲骨而言，得二千七百四十二版，無字甲骨更多。此外，又得許多銅簇、銅範、銅塊、銅矛、銅鏟。銅簇之形式，諸種皆備，足徵其經過多年之演化，銅範爲鑄銅之物，尤足見商末已到很進步之青銅時期，無疑義矣。

石器之中，以石刀爲最多，計得千餘片，又有石斧、石鏃、石粟鑿。尤異者爲一半截抱腿而坐之石人像，膀腿均刻有花紋圖案與花骨刻文一致。觀其形式，似爲一牆內之柱礎，商代建築之進步，洵可驚也。陶器之中，有白色陶片甚夥，又有一種帶軸陶器，爲由白陶進化而來者。此外尚有一塊仰韶式帶彩的陶片，因其出產不豐，疑爲他處傳播而來者云。

第三次發掘之物，大部分已運回北平研究。除陶器與甲骨，業已整理完畢，並有著作發表。其餘蚌器、石器、骨器、刻花石器、刻花骨器等，一部分在整理中，一部分仍在包存中。九一八事變後，古物已有遷往南京陳列者。本年春季平津危急，中央研究院考古組南遷，在平之物，已一掃而空矣。

以上三次因有正式報告，故其結果可得而言。十九年三月，河南民族博物院長何日章亦赴安陽發掘，自二月二十日起至三月九日止。中間停頓月餘，四月十二再掘，至月終止。凡開工兩次，所得古物甚多，惟尙未有正式報告出版，成績如何，不得而知焉。

最近安陽土人及河南人士，因鑒於中央研究院掘發之成功，並有覬覦甲骨之可居以爲奇貨者，或公或私，先後掘發。聞殷墟附近，業已擾亂無餘，出土之物，多已運往津、滬售賣。詳細情形，無從探悉。國內學術機關，慨古物之毀滅，擬請河南省政府加以保護阻止。據報載保護殷墟嚴禁盜掘一事，業已在實行中云。

參考書目

中央研究院安陽發掘報告第一、第二、第三期。
甲骨年表　董作賓著見語言歷史研究所集刊二卷二分。
通論考古學　濱田耕作著。

第五章　文字之研究

在過去之三十年中，殷虛甲骨先後出土者，不下十萬片。溯其流傳，東起扶桑，西迄英、美，環地球一週，無不有甲骨之收藏與陳列。從事研究甲骨之著作，專書三四十種，論文幾及百篇。研究甲骨之專家，在國內者數十人，國外者十餘人。舉凡經學、史學、小學、古社會學，無不受其影響，凡稍治國學者，無不知有所謂甲骨文，可謂盛矣。

然甲骨之初步研究，限於文字，過去三十年中，學者之專精研思者，要不外文字之考釋而已。積三十年之經驗，大部分文字，已能識別，其結果則中國文字之學，大起變遷。向之治國學者，無不以小學爲基礎，治小學則先及說文，一切字義之解釋，皆以說文爲準則。迨金石之學興，學者已能稍稍引用金文，以訂正許書之得失矣。至甲骨文出，更能本之以說明文字本原，不特說文不盡可靠，亦可以與金文比較研究，以證其字原。由甲文而金文而大篆，而小篆，而隸，而楷，中國文字之變遷，可以一覽無餘，快何如也。故論甲骨文字之功績，當以影響於文字學者爲最大。

最近國內治甲骨文字者日衆，就中要以羅、王二氏爲泰斗，其餘諸子，或親炙其門庭，或私淑其學說，間亦有所發明焉。

治甲骨文字貴多察其原形，或比較異同，或鈎稽篆籀，或推敲上下文，然後可得而解。至取材之道，約有四端：其一曰，搜集原物，惟原物不易得；則二、拓印尚矣。拓印苦於不易窺見甲骨之形制，於是有三、照像之法。照像及拓印，俱爲缺蝕土銹所礙，因又有四、摹寫之法，以補充之。鐵雲藏龜用拓本，書契菁華用照像，殷虛卜辭用寫本。甲骨專書，多由此三種方法而出。

向之研究甲骨者，專重於文字之研求，其所追尋之方向，約有六端：一爲考釋，二爲分類，三爲文例，四爲禮制，五爲地理，六爲世系。後三者已攔入歷史之範圍，然文字與歷史，頗難嚴格劃分，爲研究便利計，姑一併劃入文字學類。茲以時代爲經，專家及其著述爲緯，作一簡單之敍述。

瑞安孫詒讓爲淸代最後之漢學大師，治小學、經學以及墨子，無不深邃。以光緒三十年前後，得及甲骨拓片，狂喜。自謂：「蒙治古文大篆之學四十年，所見彝器款識，逾二千種，大抵皆出周以後。賞鑑家所櫫揭爲商器者，率肊定不能碻信，每憾未獲見眞商時文字。頃始得此册，不意衰年睹此奇迹，愛翫不已。輒窮兩月力校讀之，以前後復緟者，互相采繹，迺略通其文字，大致與金文相近，篆畫尤簡渻，形聲多不具，又象形字頗多，不能盡識」（契文擧例序）

孫氏研究之結果，而契文擧例一書，得以草成。書成後十餘年，至民國六年，始行付印。全書凡二卷，上册：月日第一、貞卜第二、卜事第三、鬼神第四、卜人第五、官氏第六、方國第七、典例第八。下卷：文字第九、雜例第十。由今觀之，其中不妥、不盡之處甚多，然大輅椎輪，功不可歿。孫氏爲治甲骨文字學之第一人，其書則考釋甲骨文之第一書也。

上虞羅振玉於光緒二十七年始見甲骨，極爲贊美。二十九年鐵雲藏龜出版，羅氏爲之作序。三十三年，羅時「備官中朝，曹務清簡，退食之暇，輒披覽墨本及所藏龜版，於向所不能遽通者，諦審既久，漸能尋繹其義，但猶未及箋記。」（書契前編自序）宣統二年，日人林泰輔以所作甲骨論著，郵寄羅氏，羅氏乃於是年二月著手考證貞卜文字，更以長夏屏絕人事，閉戶兼旬，草成殷商貞卜文字考一書。

全書石印一冊，分四篇：考史第一：一，殷之都城，二，殷帝王之名謚。正名第二：一，籀文即古文，二，古象形字因形示意，不拘筆畫，三，與金文相發明，四，糾正許書之違失。卜法第三：一曰貞，二曰契，三曰灼，四曰致墨，五曰兆坼，六曰卜辭，七曰蘊藏，八曰骨卜。餘說第四。羅氏作後記，自謂詢之估人，乃知發見之地在安陽小屯。又因刻辭中有殷帝王名謚，而定爲殷室王朝之遺物。其說迄今仍無以易，其鑿空之功，實不可沒。然羅氏最大之貢獻，尤在於正名一篇，其旁徵博引，證據確鑿，甲骨與文字學之關係，經羅氏之論而成定評矣。

貞卜文字考出版之後，四五年中，羅氏將殷虛書契前編、菁華二書，先後編印出版。每欲加以考釋，民國三年十二月：「乃發憤鍵戶者四十餘日，遂成考釋六萬餘言。」又述根苴遺聞，補苴往籍，實有三難：「欲稽前古，津逮莫由，其難一也。……文至簡質，又多假借，誼益難知，其難二也。……體例未明，易生炫惑，其難三也。今欲祛此三難，勉希一得，乃先考索文字以爲之階，由許書以溯金文，由金文以窺書契，窮其蕃變，漸得指歸，可識之文，遂幾五百，循是考求典籍，稽證舊聞，途逕漸啓，扃鐍爲開。」（自序）

研究結果，而殷虛書契考釋一書出版。全書分八章：都邑第一、帝王第二、人名第三、地名第四、文字第五、卜辭第六、禮制第七、卜法第八。自序謂：「爰始操翰，訖於觀成，或一日而辨數文，或數夕而通半義。譬如冥行長夜，乍睹晨曦，旣得微行，又蹈荊棘，積思若痗，雷霆不聞，操觚在手，寢饋或廢，以茲下學之資，勉幾上達之業，而旣竭吾才，時亦弋獲，意或天啓其衷，初非吾力能至。」尤見其攻究之苦，用力之勤，足爲原書增色。

海寧王國維先生，弱冠治哲學文藝，三十以後，乃折節治經學、小學及古文，時與羅振玉、沈曾植諸人遊，日有進益。鼎革之交，羅氏東渡，王氏隨之，朝夕切磋，互相研討。羅氏之印行殷虛書契前編、菁華諸書，王氏躬與其役。殷虛書契考釋則王氏所手書也。題名雖爲羅氏撰，實則王氏亦與有力焉。王氏跋語有謂「余從先生游久，時時得聞緒論，比草此書，又承寫官之乏，頗得窺知大體，揚榷細目。」絃外之音，蓋可知矣。

民五以後，猶太人哈同在上海辦倉聖明智大學，編印藝術叢編及學術叢編，延王靜安先生主其事。民國七年王氏乃爲哈同編戩壽堂所藏殷虛文字一卷照像付印出版。時睢甯姬覺彌任校長，因得冒編著之名，實則與彼無與也。民八，王氏又著戩壽堂所藏殷虛文字考釋一卷出版，系將照像諸片逐條加以考釋，與前書爲姊妹作，同收入藝術叢編中。同時王氏所著與甲骨有關諸論文，亦先後出版，收入學術叢編中。王氏對於甲骨之最大貢獻，蓋成熟於此時。

民國十三年，倉聖大學解散，次年王氏北上，在北大研究院任導師之職，誘迪後進，不遺餘力。十五年，梁任公先生在清華大學主持研究院國學門，延王先生主講其中，一年又半。十六春夏之交，革命軍北上，王氏自投萬壽山昆明湖而死，甲骨學界頓失一碩學泰斗，其損失之重爲何如乎！

論甲骨之收藏與拓印，自當推羅氏爲泰斗。論甲骨文字之考釋，則王氏當首屈一指焉。王氏所書殷虛書契考釋，所著戩壽堂文字考釋，在清華所講古史新證，在倉聖大學所著與甲骨有關諸論文，若殷周制度論、卜辭中所見先公先王考後之治甲骨者，每每奉爲圭臬。且也國內外治甲骨之學者，每每請益就正於王氏，如商承祚、羅福成、唐蘭、容庚、徐中舒、全永梁、劉盼遂、劉節、桂憬、吳其昌，皆能成一家之說。然則王氏之所啓迪，所造就者，直接方面固多，間接方面受其影響者亦當不少。

丹徒葉玉森與劉鐵雲同里。劉氏之死也，其家人不能繼其業，所藏甲骨，大部分流入哈同手中。葉氏以近水樓臺之便，因得拾其棄餘，民國十二年，作殷契鉤沉二卷，手寫石印，刊入學衡雜誌第二十四期，後又印爲單行本。自題初藁後云：「每於子夜深，披卷一燈熱，博采古叢殘，聊以自怡悅。……比勘定辭例，擘分畫句節，憬然忽有悟，抑掌笑且嘔。」精神蓋可與羅氏作殷虛文字考釋時後先媲美也。

殷契鉤沉分甲乙兩卷，甲卷爲文字之考釋，乙卷爲禮儀祭祀之考釋。次年，葉氏又作說契一卷，研契枝談一卷，刊於學衡雜誌三十一期，皆手寫石印，後又另有單行本。說契爲文字之考釋，研契枝談爲地名、政治、社會名物之考釋。雖不見若何精采，然用功甚勤，亦自可嘉。且葉氏一無師承，獨立研究，亦豪傑之士也。

番禺商承祚，羅振玉之姻親而兼弟子也。弱冠治古文字之學，爲青年研究甲骨之最早者，既熟見羅氏編著諸書，又屬聞兩氏考釋之論，慨然以編著甲骨字典自任。民國十二年，作殷虛文字類編，自序云：「師（羅氏）之書，既行於世，然數年以來，手自增訂之處，蓋不下數百科。而待問編中存疑之字，師與海寧王靜安先生，又各有增釋，皆近十分之一，師悉以授祚，祚亦增釋得若干字。」

類編之編製法，係以說文部首次序，將殷虛文字考釋，重行類次，形異義同之字，則彙爲一起。全書已經考訂者得七百九十字。其不能識者，則類次爲待問編，又若干字。全書殆一殷虛字典也。考釋說明，多依羅、王之舊，漸亦附有新義。自今日甲骨學大昌之日，覺商書錯釋之處甚多待問編中經近人考釋者，尤爲不少。然商書成於十年之前，其竄陋之處，自不足責。

天津王襄，於民國七八年，從事甲骨之搜集與文字之研求。民國九年，編簠室殷契類纂一書。自序謂：「纂所藏所見甲骨及墨本最錄可識之字八百七十三，重文二千百有十，凡二千九百八十三，爲正編一。說文所無及雖有而不能確識之字，凡千八百五十二，取其偏旁類似者爲存疑一。不能收入存疑之字，又百四十二，爲待考一。殷契文中每多合文，因輯爲附編，凡二百四十三，重者九十八。亦與數焉。」全書凡四册，石印本，編次悉如序文。

民國十四年，王氏以所藏甲骨，日有增益，於是著簠室殷契徵文二卷，考釋二卷，都凡四册，石印本。徵文爲甲骨原文，比次爲天象第一、地望第二、帝系第三、人名第四、歲時第五、干支第六、貞類第七、典禮第八、征伐第九、游田第十、雜事十一、文字十二。考釋之次第同右。自序謂：「昔孔子慨殷之文獻不足徵，未言殷禮。三千年來，講殷禮者，已成絕學。欲力求之，僅商書、商頌、禮記、四書所載者，見其大凡而已。自殷契出，考釋其文，知所存殷禮爲多，於禮典尤詳」從知王氏所得意者，爲殷禮之考釋，實則所考之禮，不出羅、王二家窩臼，文字亦非盡碻，即所藏之甲骨，亦眞贋雜糅，然王氏不自知焉。

丹徒三陳氏，皆喜研究甲骨文，陳邦懷著殷虛書契考釋小箋，以民十四年出版。其編次：地名第一、文字第二、禮制第三，考釋一依羅、王之舊。後又於民國十六年，作殷契拾遺，發揮之新見，惜不多覯。陳邦福繼之，作殷虛書契考、殷契說存、殷契辨疑。陳進宧繼之，作殷契剩義。皆補苴綴漏之作，無關宏旨。

最近甲骨學界，有一異軍突起者，曰郭沫若。郭初治醫學，後研文藝。最近因莫爾干、英格斯馬克斯之說，欲於中國古代社會求得一共產之證據，爲研究古代社會，不得不治甲骨文及金文。然郭氏遠處異國（日本），又無師承，其進而研究甲骨也，乃最近之事。然其人薄有才氣，往往敢爲極大膽極荒謬之假設，雖有時謬以千里，而亦間獲新義。

郭氏於民國十八年，著甲骨文字研究一書，手寫石印，凡二冊。自序謂：「余之研究卜辭，志在探討中國社會之起源，本非拘拘於文字史地之學，然識字乃一切探討之第一步，故於此亦不能不有所注意。且文字乃社會文化之一要徵，於社會之生產狀況與組織關係，略有所得，欲進而追求其文化之大凡，尤舍此而莫由。」其研究甲骨之用意，於此可見一般。

甲骨文字研究一書凡十七章：一、釋祖妣。二、釋臣宰。三、釋寇。四、釋攻。五、釋作。六、釋封。七、釋挈。八、釋版。九、釋精。十、釋明。十一、釋五十。十二、釋龢言。十三、釋南。十四、釋繇。十五、釋蝕。十六、釋歲。爲上册。十七、釋干支，爲下册。上册比較精采，時有新義，然釋祖妣起原於生殖器，已屬荒謬可笑。下册更爲膽大，武斷謂中國之干支，導源於印度，洋洋萬言，極牽強附會之能事焉。

最近甲骨文字之研究，進展甚速。據余所知，其正在考釋中，尚未泐定成書者：一爲中央研究院所藏甲骨數千片，由董作賓氏加以考釋。二爲何遂所藏甲骨數百片，由郭沫若加以考釋。三爲北大及某君所藏甲骨數千片，由唐蘭加以考釋；或已定稿，或方動筆，預料一二年內當可問世矣。

以上用歷史的方法，敍述甲骨文字研究發達之大凡，以下則進一步說明甲骨出土後，於中國文字學上之關係及影響。

一.考知原始文字之形體與文法　研究甲骨，知原始文字，凹而下陷，彷鳥獸蹏迒之迹。其行款讀法，或左、或右、或下、或顚倒錯亂，初無一定之規則。且字上間塗朱墨，與古玉古陶同，與近人用朱用墨亦同。

二.證明所謂籀文卽古文　許愼云：「宣王太史籀著大篆十五篇，與古文或異。」然以許書所載之籀與古或異之字，往往古籀本合。如四之古文作𠔁，籀文作亖，今卜辭中四字正作亖。許書載匚之籀文作𠥫，而卜辭中亦有𠥫𠥫，與籀文合。其餘登字、系字、妣字、子字皆然，從知許君所謂籀文非古文，蓋失之矣。

三.表明古象形字因形示意不拘筆畫　甲骨文中犬羊馬鹿豕龜龍等字，雖繁簡不同，然皆爲象形，一望而知。不特象形字然也。其餘指事、會意、假借之字，亦多有同文異體，蓋字之初起，原非有一定形式也。

四．與金文互相發明　甲骨文與金文，形體相似之處甚多。有甲骨文與金文全同者，如甲、乙、丙、丁、戊、己、庚、辛、壬、癸、一、元、天、方、且、王、中、平等字皆是。其不甚習見之字，如余、午、盂、鬯、歸、母、魯亦是。有金文不識，賴甲骨文而識者，如甲文子字作[illegible]而巳字作[illegible]或作[illegible]。因之金文中叔媍鼎之乙子，史頌鼎之丁子，魯公鼎之辛子，輅任簋之癸子，皆爲甲子表所無，昔人不能解釋者今釋爲乙巳、丁巳、辛巳、癸巳，數百年之糾紛，迎刃而解焉。

五．糾正許書之違失　說文一書，違失甚多，古籀之違失者，如古文一下出弌，二下出弍，三下出弎，中下出[illegible]，册下出[illegible]，皆爲甲文及金文所無。又如籀文馬下出影，車下出戟，亦爲甲文金文車字馬字之筆誤。篆文之違失者，如福字，許注備也，从示畐聲。然卜辭中作[illegible]。从酉乃尊也，會意，非形聲字，許說誤。又如鬥字，篆文[illegible]，許注兩士相對，兵杖在後，象鬥之形。然卜辭作[illegible]像兩手搏，不見兵杖之形，許說失之。又如邑字，許注國也，从口从卪，今卜辭作[illegible]，即象人席地形，非从卪，許說誤甚。諸如此類，許書中錯誤之處，不可悉數。

六．說明文字之變遷　文字變化，與一般社會狀況變化相同，悉照進化大原則推進發展。由質而文，由簡而繁，由一生多，其蛻變情形，釐然不紊。如將甲文、金文、篆文、隸書排列觀之，可見甲文之演化為金文，再演化為篆文，又演化為隸書、楷書，循序漸進，其逐步變遷之跡，尚可考尋，中國文字之孳乳與發展，有由來矣。

七、其他　甲骨文影響中國文字學，其道多端，上述六種之外，字形之糾正，字義之正訛，以及古籍之新詁，莫不於經學、小學有極大貢獻。

參考書目

契文舉例　孫詒讓著。
殷商貞卜文字考、殷虛書契考釋　羅振玉著。
殷虛文字類編　商承祚著。
說契、研契枝談、殷契鉤沉　葉玉森著。
簠室殷契徵文、殷契類纂　王襄著。
甲骨文字研究　郭沫若著。

第六章 殷史之二重證

甲骨之發現，影響於中國學術者，方面甚多。尤以文字之學，受其惠最大。其次當推史學，殷代之史，孔子所不能言，吾人能言之，孔子所不能徵，吾人能徵之。吾人生於今之世而尙論三千年前之歷史，亦云幸矣。

由殷墟甲骨之發現，而殷代歷史，可以得二重之證明。

中國歷史，其文字、記載、人物、時間斑斑可考者，厥維春秋以後。其前則緲茫錯亂，史實與傳說，混而不分，史實之中固不免有所緣飾，與傳說無異，而傳說之中，亦往往有史實，爲之素地，謂之爲眞，誠覺荒悖，斥之爲僞，又嫌武斷。在周初如此，在殷代尤其如此，殷以前，更無論矣。

吾人生於今日，幸而得見孔、孟所不見之材料，若甲骨，若金石，吾人可據以補正紙上之材料，亦得以證明古書之某分全為實錄，卽百家不雅馴之言，亦無不表示一面之事實，此二重證據法，惟在今日始得為之，雖古書之未得證明者不能加以否定，而其已得證明者，不能不加以肯定焉。

紙上材料與殷代有關者，為詩經中之商頌，乃宋人祭祀祖先所歌頌之辭。其餘大雅、小雅、周頌、魯頌涉及殷人事跡之處頗多。書經中之商書，古文家所傳凡十七篇，今文家所傳，亦有湯誓、盤庚、高宗肜日、西伯戡黎、微子諸篇。史記之殷本紀，為一有系統有組織之歷史記載，含有殷人事跡最多。此外竹書紀年、世本、楚辭、羣經、諸子之中，語及殷人事跡者，往往而有。

地下材料與殷代有關者，自然當推甲骨，過去三十年，出土達十萬片，成書三四十種，論文幾及百篇，前已言之矣。其次金文，羅振玉所著殷文存中，載有豆一、鐄二、盤三、盦三、罍四、鬲五、壺六、匜七、甗八、斝十、角十五、盉十七、觚二十八、敦三十三、觶四十七、彝四十八、尊六

十九、鼎八十四、卣一百三十二、爵二百三十六，雖不盡可靠，然一部分當屬殷物。又保定南鄉出土之商三句兵及淶水張家窪出土之北伯鼎、北伯卣，其爲殷器毫無疑義。此外新出土與新發現之殷器尚多。

據地下材料以補正紙上材料之缺訛，又據紙上材料以補正地下材料之脫略，如此而殷代歷史可得而知矣。

考殷之一字，不見甲骨文，乃周人稱商人之詞，商人自稱爲商，因地得名。甲骨文中屢有大邑商，入于商，告于商，至于商，皆商爲地名之證。史記殷本記稱契封於商，而左傳中稱商之處有八處，皆指宋地而言。自盤庚遷殷，商人乃居殷，自是之後，或又稱殷人。周初作之盂鼎，即稱殷，論語、史記皆稱殷。大抵商之時，商字較流行，周之時，殷字更普遍，皆爲地名，引伸之後，爲種族名及國名、朝代名。

殷人之遠祖，自謂爲契。史記殷本紀：「殷契，母曰簡狄，有娀氏之女，爲帝嚳次妃，三人行路，見玄鳥墮其卵，簡狄取吞之，因孕生契。」詩商頌玄鳥篇、長發篇，所述遠祖來原，與此相同。人種學家謂太平洋沿岸之民族，皆有鳥類祖先之傳說。或者殷人本居遼東、山東兩半島，逐漸西移，以入中原，遂爲古代一強有力之大國。

商人之都城，雖以商（商邱）、殷（殷墟）二地著名，然遷都之事，往往有之。史記稱自契至湯八遷，如蕃、亳、砥石，皆曾宅居。自成湯至盤庚又五遷，如隞、相、庇、奄、邢，亦嘗爲一時之都城矣。商人遷居之頻，說者謂爲黃河水患所致云。

商之版圖，大約不出河南、河北、山西、山東之地。殷代地名，殷本紀所載如前述之商、蕃、亳、砥石、殷、隞、相、庇、奄、邢，商頌所載地名有韋、顧、昆吾、夏。孟子所載地名如葛，以及楚辭中之有扈等。考其地望，皆不出大河左右數百里間。因知其國之四境，不如成周之廣。甲骨文中所載地名，羅氏以爲共二百三十。然皆不能確指其地望，甚有不能識其字者。其中鬼方、羊方、土方、周侯、㠱侯、馬方、𢀛方，又皆爲種族名若國名，不能謂爲地名也。羊方、𢀛方、土方，尤與商人接壤，鬼方及周，則稍遠矣。鬼方似在山西，周侯則在陝西。

商之先公先王，成湯以前凡十四世。史記殷本紀與周語及荀子成相篇，所記皆同。殷本紀大概根據於世本及譜諜，世本爲周末之書，與國語及荀子略同時。此十四君，皆在殷湯之前，與舊史系統相比，大略與虞、夏同時矣。其人物之有無，大有一考之價値，因中國之信史，藉此可以向上延長數百年也。

至其次第，殷本紀作。

嚳—契—昭明—相土—昌若—曹圉—冥—振—微—報丁—報乙—報丙—主壬—主癸—天乙

示壬　示癸　成湯

上述諸人，卜辭中多見之。卜辭中有夋，殷虛書契前後篇凡七見，王靜安先生釋爲夒，謂卽帝嚳，或作俈，亦卽山海經所謂夋，徐中舒以爲當釋契，契或作禼，亦作偰，殷本紀之契，三代世表作禼。以形觀之，夋與禼爲近。由王之說，殷之遠祖爲嚳，三代世表全爲信史。由徐之說，殷之遠祖契，夏以前之事仍未盡信也。

卜辭中有土，凡六見，王先生釋土，謂卽相土。卜辭中有季，凡三見。又有王亥，凡十三見。

王恆，凡四見。殷本紀稱冥卒子振立，振卒子微立。索隱，振系本作核。漢書古今人表作垓。殷本紀之振，當爲核或垓之譌。楚辭天問有該秉季德一語，該卽亥；又稱恆秉季德，恆亦亥也。亥旣爲振，則季當爲冥矣。

卜辭中有⊞，凡二十三見。王先生釋上甲，謂與田不同，田字四面皆接，而上甲四面不接也。又有與上字相連作[上⊞]，其爲上甲可無疑。又有[匚乙]或[乙]凡六見。王先生釋乙，謂卽報乙。有[丙]或[丙]凡三見。王先生釋丙，謂卽報丙。有[丁]或[丁]凡二見。王先生釋丁，謂卽報丁。至示壬、示癸卜辭中所見甚多，王先生謂卽主壬，主癸也。（見古史新證）

殷虛書契後篇所載一骨，上有[丙][丁]諸名，王先生旣釋爲報丙、報丁矣。後又檢理戩壽堂所得劉鐵雲舊藏甲骨，於一骨中發見⊞[乙]示癸諸名，與後篇所載之骨，文例及字體皆相似，取而合之，乃知系一骨析而爲二者。最近董作賓又取明義士所得甲骨拓片合之，知爲前骨之第三段。合此三段，殷之先公先王，自上甲至祖乙之世次，皆在焉，原骨如下：

讀法，自上而下而右。釋之：乙未酌丝品，上甲十，報乙三，報丙三，報丁三，示壬三，示癸三，

戩壽堂所藏殷虛文字第一葉及殷虛書契後編上第八頁劉晦之所得骨片

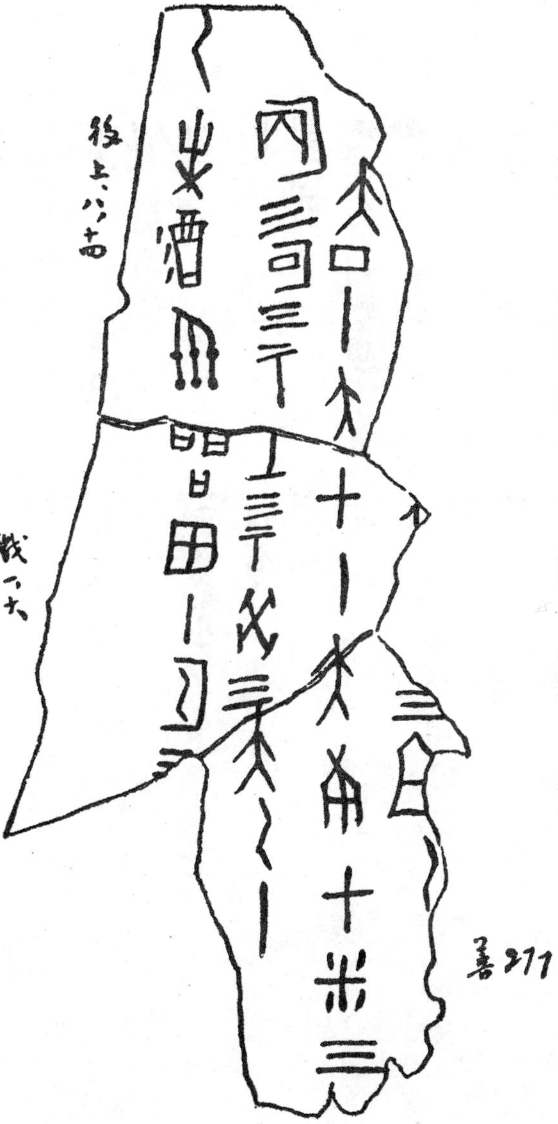

太乙十，太丁十，太甲十，太庚大戊三，（上闕）三，祖乙世數與殷本紀及三代世表皆同，所異者報丁在報丙後，此又可正史記之誤也。

茲將殷本紀與甲骨文及所見商之先公先王列表如下:

殷本紀	甲骨文
帝嚳(山海經作俊)	
契(三代世表作卨)	禼
照明	(甲骨文未見)
相土(荀子作乘杜)	土
昌若	(甲骨文未見)
曹圉(系本作糟圉)	(同右)
冥(天問作季)	季
振(世本作胲,天問作該)	亥、恆
微(魯語作上甲微)	上甲
報丁	報乙
報乙	報丙
報丙	報丁

主壬　示壬
主癸　示癸

以上自帝嚳至主癸十四代，卜辭比史記少四代，此殆甲骨文殘缺不全之故。卜辭之夋爲嚳爲契，雖未成定論，寧從徐說，將討論之時間與範圍縮短，免陷於錯誤也。又冥之爲季，振之爲亥爲恆，微之爲上甲，說已詳前。至報丁、報乙、報丙三代，卜辭與史記顚倒，宜從卜辭。所謂「報」者乃一種祭祀之稱。卜辭中之示壬、示癸，史記作主，亦宜從卜辭，主字無解，示祭祀之神祇也。成湯以前，先公先王有十四代，斑斑可考，殷人文化之悠久可知。

成湯爲商代開國之君，詩商頌、書湯誓及史記殷本紀俱稱道之，其爲古代之一帝王，確無可疑。殷本紀稱：「主癸卒，子天乙立，是爲成湯」。卜辭中有大乙，有唐。大乙凡兩見，唐凡七見，天乙當爲大乙之譌，觀於大戊，卜辭亦作天戊，周書多士之天邑商，卜辭作大邑商，是其例。又卜辭大乙與伊尹連文。尤爲太乙卽湯之證。又唐卽湯，一音之轉；說文口部，古文唐从口昜，與湯字相近。齊侯鎛鐘銘：「虩虩成唐，有嚴在帝所，尃受天命……咸有九州，處禹之緒。」受天命而有九州，自非成湯莫屬。且卜辭唐與大丁、大甲連文，而居其首，知爲湯之轉，無疑矣。

商人崛起於東方，至湯之時，大河南北，諸國林立，若葛、韋、顧、昆吾、夏，皆是，夏桀尤爲盛強。湯皆一一剪除之。如孟子有伐葛之說；詩有韋顧既伐昆吾夏桀之說。於是佔有山東、河北、河南、山西諸省之地，爲一泱泱大國。商之勢力與版圖，在成湯時，殆已臻於極盛之境矣。爾後政有盛衰，王有賢暴，然版圖未大改。

自成湯以武力得天下，至紂以暴虐亡國，共傳統三十君，歷時六百餘年，（或云四百九十六年）可謂盛矣。關於商之列王，殷本紀、三代世表、漢書古今人表所記君數相同，而世數則互異。據本紀則商三十帝（加太丁爲三十一），共十七世。世表以小甲、雍巳、大戊爲大庚弟，減一世爲十六世。人表以中丁、外壬、河亶甲爲大戊弟；祖乙爲河亶甲弟，減二世；小辛爲盤庚子，增一世，亦得十六世。以卜辭證之，則本紀所載爲近。

殷人祭祀，有特祭其所自出之先王，而非其所自出之先王，則不與者，其例甚多。前已說明，卜辭中有一骨片，悉載自上甲至祖乙之先王者。卜辭中又有一斷片，如左：

後編上第五頁

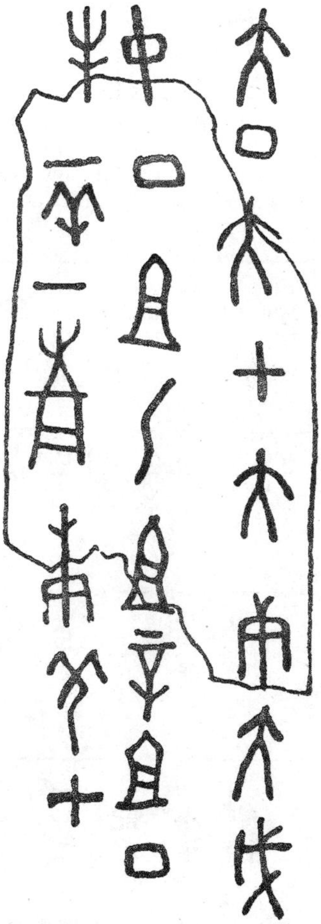

其文當讀爲「太甲、太庚」「丁且、乙且」「一羊一南」。此片顯有殘闕，王靜安先生以意補足，三行上下各應增若干字，爲「太丁、大甲、大庚、大戊」「中丁、且乙、且辛、且丁」「牛一羊一南庚羊甲」。如此，則盤庚以前殷之先王，悉具於是，次序井然不紊。此片時代，爲盤庚、小辛、小乙三帝時物。自太丁至祖丁，凡八世，皆其所自出之先王。以殷本紀世數及排行款式較之，合當如是。前述之片，自上甲至太丁至七世，亦皆其所自出之先王也。

茲將諸書所載殷世次列表如下，再以卜辭與之相較。

帝名	三代世表	古今人表	殷本紀	卜辭	世次
湯	主癸子	主癸子	主癸子	主癸子	一世
大丁	湯子	湯子	湯子	湯子	二世
外丙	太丁弟	大丁弟	大丁弟		
中壬	外丙弟	外丙弟	外丙弟		
大甲	大丁子	大丁子	大丁子	大丁子	三世
沃丁	太甲子	太甲子	大甲子		
大庚	沃丁弟	沃丁弟	沃丁弟	太甲子	四世
小甲	太庚弟	太庚子	大庚子		
雍己	小甲弟	小甲弟	小甲弟		
大戊	雍己弟	雍己弟	雍己弟	太庚子	五世
中丁	大戊子	大戊子	大戊子	大戊子	六世
外壬	中丁弟	中丁弟	中丁弟		
河亶甲	外壬弟	外壬弟	外壬弟		
祖乙	河亶甲子	河亶甲弟	河亶甲子	中丁子	七世

祖辛	祖乙子	祖乙子	祖乙子	祖乙子	八世
沃甲	祖辛弟	祖辛弟	祖辛弟		
祖丁	祖辛子	祖辛子	祖辛子	祖辛子	九世
南庚	沃甲子	沃甲子	沃甲子		
陽甲	祖丁子	祖丁子	祖丁子	祖丁子	十世
盤庚	陽甲弟	陽甲弟	陽甲弟	湯甲弟	十世
小辛	盤庚弟	盤庚弟	盤庚弟	盤庚弟	十世
小乙	小辛弟	小辛弟	小辛弟	小辛弟	十世
武丁	小乙子	小乙子	小乙子	小乙子	十一世
祖庚	武丁子	武丁子	武丁子	武丁子	十二世
祖甲	祖庚弟	祖庚弟	祖庚弟	祖庚弟	十二世
廩辛	祖甲子	祖甲子	祖甲子		
庚丁	廩辛弟	廩辛弟	廩辛弟	祀甲子	十三世
武乙	庚丁子	庚丁子	庚丁子	庚丁子	十四世
大丁	武乙子	武乙子	武乙子		十五世
帝乙	大丁子	大丁子	大丁子		十六世
帝辛	帝乙子	帝乙子	帝乙子		十七世

綜上以觀，殷本紀以沃丁、中丁爲大甲之弟，卜辭在太甲、大庚之間，不舉二君，與之合。殷本紀以祖乙爲河亶甲子，卜辭有中丁而無河亶甲，則祖乙自當爲中丁子，史記偶誤。然世次仍合，世表以小甲、雍己、大戊爲大庚弟，卜辭大戊在大庚之後自當爲其子，小甲、雍己，亦當爲其子，世表誤。人表以中丁、外壬、河亶甲，皆爲大戊弟，卜辭大戊之後有中丁，中丁之後有祖乙，則中丁、外壬、河亶甲，自當爲大戊子，祖乙自當爲中丁子，人表誤。凡此種種，世表、人表所誤者，本紀皆合，其精確之程度可驚已。

成湯以前，商之列王，大致可信，前已證之。成湯以後，商之列王，尤爲信而有徵。自成湯至帝辛三十君，大體俱見卜辭。卜辭中稱外丙者二條，外壬四條，中宗祖乙一條，羊甲一條，康丁六條，后祖乙六條，文武丁三條（具見古史新證）。其餘大丁、大甲、大庚、小甲、大戊、中丁、祖辛、祖丁、南庚、盤庚、小辛、小乙、武丁、祖庚、祖甲，無一不見於卜辭。其爲現已發見之卜辭所未載者爲中壬、沃丁、雍己、河亶甲、沃甲、稟辛、帝乙、帝辛。而卜辭出土之殷墟，王先生斷定爲盤庚至帝乙所刻，倘然無帝乙、帝辛之名。殷本紀所載三十帝，僅六帝無實物之證明，其可信之程度，可曉然矣。

不特殷之先公先王，俱見卜辭也。即其先正，亦多見於卜辭。卜辭中有伊尹，凡八見，亦單稱伊。齊侯鎛鐘，則稱伊小臣。史記、孟子稱伊尹，墨子、楚辭，則稱小臣。可知伊尹之實有其人；其伊則省稱，小臣則其官也。

卜辭中有咸戊，凡六見。周書君奭稱大戊時，巫咸乂王家。王引之謂巫咸當作巫戊。然卜辭無巫咸，亦無巫戊，王說非是。巫咸當作咸戊。書序之咸乂四篇，亦當作咸戊四篇作咸戊，猶之作臣扈，作伊陟也。

此外殷代之諸侯方國，可考者爲周侯、曩侯（杞）[illegible]侯、虎侯並見卜辭。盂鼎有：「惟殷邊侯田雩殷正百辟」之語。尚書之康誥、酒誥、顧命、禹貢皆有侯、甸、男之稱。至方與國，皆殷時國名，見於卜辭者，有鬼方、人方、羊方、邑方、馬方、井方、土方、盂方，皆與殷爲同時之國家，至殷之末，仍存在焉。

參考書目

古史新證　王靜安著。
殷文存　羅振玉著。
史記殷本紀三代世表。
漢書古今人表。
中國上古史講義　周傳儒著。
殷周史料考訂大綱　徐中舒著。

第七章　新史料之提供

甲骨之學，自孫詒讓以至羅振玉，皆偏於文字之考釋。至王靜安先生，乃稍稍引用甲骨材料，以印證殷之先王、先公、先正以及地名、制度矣。雖然甲骨十萬片，成書數十種，其中所提供之材料甚多，僅據以訂正舊史記載之得失，似猶不足以充分利用此新發見之材料。近年學者，頗有據甲骨以窺探殷代之社會狀況；凡史記、詩、書所不言所不見者，皆得考而明之，亦史學上一大發現一大進步也。

由甲骨文字中可以考見殷代社會狀況者，約自二端：一曰生產事業，二曰社會組織。

甲骨製作之時代在盤庚、小辛、小己之間，正當商代後期，文化已粲然可觀，且甲骨出土之地爲殷墟，商人於此定都最久，王畿之地，各種生產事業俱備，用作研究對象，最爲適宜。以此種材料爲主，以金文中確知其爲殷器者爲輔，殷人社會狀況大概可以說明矣。至商書、周書、詩經、左傳、國語亦可作爲一種附料，以備參考。

商人之生產事業，自極簡陋之漁撈，至較高等等農業以及初步商業，殆皆有之。言其大較，殆在新石器之末期而青銅器之初期也。英人莫爾干氏(L. H. Morgan)研究古代社會，以生產工具作爲標準，分作七期如下：

一．低位蒙昧狀態　從人類之幼年時代，以至次一期之開始。

二．中位蒙昧狀態　從開始以捕漁爲生及知道用火，以至次一時期之開始。

三．高位蒙昧狀態　從發明弓矢以至次一時期之開始。

四．低位野蠻狀態　從發明製陶器，以至次一時期之開始。

五．中位野蠻狀態　從東半球開始飼養家畜，西半球藉灌溉以栽培玉蜀黍和其他植物，以及開始使用亞拉伯砌磚及石頭，以至次一時期之開始。

六．高位野蠻狀態　從發明熔解鐵礦的方法及開始使用鐵器，以至次一時期之始。

七.文明狀態　從發明聲音字母及開始書寫文字,以至現在。

由卜辭商書及殷墟器物考之,商人捕漁、行獵、用火、使用弓矢、製陶器、牧畜、耕田、使用石器、銅器,前五期之生產工具應有盡有,並能書寫文字,惟尙無鐵器之發明,是知其文化程度在野蠻末期文化初期。然則昔人所稱「三代之隆」及夏、商、周爲中國黃金時代」者,皆臆說耳。今按照文化程度之等第,將商人生產事業述之如下:

一.關於漁　卜辭中所見漁字,凡十餘條。如在漁,丁亥漁,在圃漁,九月漁,王漁之類。就卜辭全體而言,實居少數,足見漁撈非商人主要生產,自民間言之,爲一種補助生產,自王家言之,爲一種娛樂事業。

二.關於狩獵　卜辭中言狩言獵之事甚多,據殷虛書契考釋所載共一八六條。如卜狩,王狩,往出狩,貞畢,貞弗其畢,雙鹿王田逐之類。所用工具,有弓矢,有犬馬,有畢,有網,有穽。所獲之物,有鹿,有狼,有羊,有馬,有豕,有兎,有象,有雞。獲獸數目,最高者達二百六十餘匹。獵時,有獲,有不獲,有逐,有不逐。足證當時狩獵雖非主要生產,然在民間仍爲一種輔助生產,而王家爲一種娛樂事業，與漁撈同。

三、關於牧畜　卜辭中關於牧畜者，並不甚多，殷虛書契考釋僅載十餘條，如牧夷方，令牧卯王牧吉芻之類。然因是而斷定商之牧畜事業未臻發達，則大誤。以進化程序論，佃農之間，當有一牧畜時代，且初期農業，農牧兼營。況商人喜遷都，殆亦受牧畜事業之影響。牧畜之品類至多，有馬、牛、羊、雞、犬、豕、兕、象。前六者中國現代尚有之，象則北部已絕跡矣。卜辭中之牢字、圂字、家字，皆有宀或囗以圍之，表示其爲家畜也。牲畜之用途，可以服役，助田獵，充食用，而祭祀時使用尤多，或用一用二，或用五、六，多者自五十以至三百。卜辭有：「貞𠤕御牛三百」。（前篇四）又有：「百𠤕百羊卯三百口」（後篇上）尤足爲殷代牧畜發達之證。

四、關於農業　卜辭中言農，言田，言嗇，言疇，言秉之處頗多。如牧我西鄙田，告於𤰈農之類。足徵其已有農業。然未臻於十分發達之境，因其尚不知肥料之用，專賴天時，故卜風卜雨，乃成爲一種常有之事。所用農具，有耒、有圭（ᐅ）、有辰（鐮刀）。作物之種類，以麥黍爲大宗，故常有「告麥」「受黍年」之文。禾粟亦有之。有二事，最足以說明農業之幼稚者，其一曰焚田卜辭中凡四五見。燒林而耕，爲初期農業應有之現象，今滿洲、朝鮮農人，尚復如此。孟子所謂，「舜使益掌火，益烈山澤而焚之」亦卽此意。其二曰卜受年，卜辭中受年與雲，屢見明文，此爲不知施肥之鐵證。卽盤庚時代，農業尚未發達。故曰：「若農服田力嗇，乃亦有秋。」又言：「不服田畝，越其罔有黍稷。」

五．關於銅鐵　商人用銅，恐屬季世之事。殷文存中所收彝器銘文，雖有七百餘種，然不可全信。吾人確知屬於殷代之銅器，如己酉方彝、戊辰彝、祖丁尊、艅尊、丁己尊，殆屬武乙時代之物，前二器刻有武乙之名，殷祀已將斬矣。其保定南鄉出土之三勾兵，與淶水出土之北伯鼎，北伯卣，又皆爲殷時諸侯之物，其地位在北方，殷代末年，勢力始達河北，初年並不爾。殷墟出土之銅簇、銅戈、銅範與石器並列，知其尚屬金石兼用時期。卜辭中不見鐵字，殷墟所發現古物，亦從未有鐵器，足見冶鑛之法，殷人殆屬茫然，此商人之所以未能完全脫離野蠻時代者歟。

六關於工商　殷代工藝情形，以下另有專論。至於商業，在牧畜農業俱臻發達之後，以有易無，懋遷有無化居，乃屬必然之事。且商業行爲，石器時代已有之，用銅之商，更屬當然。細考卜辭，雖有商字，爲地名、朝代名，無經商義，明言商業者，亦甚少。但貝字、朋字，則頗常見。如「錫多女之貝朋。」「貞大有其囚貝」「貞士方□貝」皆是。證以金文中，如中鼎、宰椃角、丁卯文乙鼎、父丁鼎、陽亥敢、邑斝、屢稱之朋及貝，知商代商業已啓端緒矣。古代之貝、刀、布帛，皆爲商業行爲之一種媒介物，有貝之存在，即有商業之存在。羅氏所得殷墟古器物，有眞貝一、石貝一，尤是爲商人貿易之證。古器物圖錄中，有蜃甲、有海貝、有玉罄、有系璧。最近又掘出綠松石（土耳基玉），皆非河南土產，非有商業，安從致之？

由以上之推測，可歸納得三點。

1. 商人生活，以農爲主業，牧爲輔業，漁獵爲附業。
2. 工商業略有萌芽，惟規模不大。
3. 銅之冶鑄使用末年稍盛，鐵則始終不曾發明。

商人之生產事業既明，茲進一步討論商人之社會組織。商代社會，可得而述者，若氏族，若階級，若奴隸，若公田，與後代不同之點甚多。

甲氏族　氏族制度，乃世界一切民族在野蠻時代，一種共同之社會狀況。各民族之氏族制度，雖因歷史背景地理形態種性特徵生產方法之不同，而多少互有差異。然自一般言之，皆不失爲一羣血族團體，營共同之社會生活。莫爾干云：「所謂氏族之組織，卽有共同之祖先，以氏族之名稱相區分，以血緣之關係相結合，而成一同族團體。」

就以氏族之名稱相區分言，卜辭中有王族、多子族、旅族、族衆、五族、𠂤族，皆爲商代氏族之一（甲文無氏字可異），金文中，有許多象形文不可識，愈古之器尤然，疑卽代表氏族之圖騰也。惟商代氏族，究有若干，已不可考。左昭四年傳云：「昔武王克商，成王定之，……分魯公以……殷氏六族，條氏、徐氏、蕭氏、索氏、長勺氏、尾勺氏，……分康叔以殷氏七族，陶氏、施氏、繁氏、錡氏、樊氏、饑氏、終葵氏。」殷本紀亦稱：「契爲子姓，其後分封，以國爲姓，有殷氏、來氏、宋氏、空桐氏、稚氏、北殷氏、日夷氏。」可見商之氏族，爲數甚多。

就以血緣之關係相結合言。卜辭有父、有母，己所從出也。又有姐妣，爲祖父母以上之通稱，無高曾之區別。有兄、(無弟)有妹、(無姊)有子、兒、女、姪，關係尚未能確定；又有夫、妻、妾、孫，關係或如後代所云。最奇者，卜辭有多父、多女、多介父之稱，程憬、郭沫若皆以爲卽羣婚制之象徵。氏族社會父子不相續，祖孫相續，因子須嫁出，而孫又嫁回。周代父昭子穆，孫又爲昭。及祭祀，子不能爲父尸，孫可爲王父尸。說者謂卽氏族制之遺痕也。周代氏族之制，尚有遺痕，其在商代，必甚通行。

乙．公田　與氏族制度相伴而生者，爲營共同之社會生活。商人之於土地，視爲全氏族所公有，不屬於任何私人。土地之種類，雖有耕地、牧地、狩地之別，然皆屬於社會全體。卜辭中常有牧我田牧我鄙田而無某人之田，其故顯然。然商代絕非純粹共產，銅器銘文，或刻花紋，或刻名字，卽表示所有權之表徵，錫朋、錫貝尤非私有財產莫屬。大抵殷代制度，動產屬於私有，土地仍爲公物也。

丙．階級　商人之社會組織，蓋爲垂直的而非水平的。最高者爲王族，其下有貴族，又下有平民，最末爲奴隸，奴隸另詳下節，玆專就上層社會階級言之。

卜辭中言王族者有五條，殆爲一種特殊階級。至於貴族，在外者有諸侯方伯；在內者有卿士太史。如卜辭中之虎侯、周侯、㠱侯、卿事、太史寮、太史易日皆是也。盤庚所謂列國之君、邦伯、師長、百執事之人，微子所謂父師、少師殆皆屬之。平民繁多，前述之旅族、[illegible]族、五族、多子族、悉爲平民，以表列之如下：

一．王族。

二．貴族：列國之君、邦伯、師長、百執事。

三．平民：旅族、[illegible]族、多子族、五族。

四．奴隸：小臣，豎，僮，衛，奴，奚。

丁．奴隸　古代社會無不有階級之存在，與奴隸之存在。若埃及、巴比倫、印度、希臘、羅馬，全世界文明古國皆然。蓋古代戰爭多，則俘虜多，此爲奴隸發生之最大原因；其他販賣、奴隸所生子女犯罪，又其次也。尤其在農業發生後，使用奴隸之機會至多，因而對於奴隸之要求至切。商人已達農業初期，且又征伐頻仍，卜辭中常有乎「戰」「征」「伐」之文，人數有至三千八五千人者。使用奴隸乃屬極自然之事實。卜辭中又屢見小臣、豎、僮、嬉、奴、妾、奚、衛等字。小臣、豎、僮、奴、衛皆男奴，嬉、妾、奚皆女奴。小臣爲奴之服公役者，衛爲執干戈者，豎、僮爲供奔走者，妾爲妻屬，嬉爲女子之供奔走者，奚則女奴之年幼者。奴之主要用途爲服役，爲耕田，然戰爭時每每用奴，甚至祭神求雨亦用奴，奴之地位蓋等於馬牛之屬矣。

由以上之推測，又可歸納三點：

1. 商時氏族制度尚未消滅，宗法制度尚未成立。
2. 土地屬於全部落或社會所公有，而容許一部分之私有財產。
3. 階級制度壁壘森嚴，盛行使用奴隸。

參考書目

中國古代社會研究　郭沫若著。
商民族的氏族社會　程憬著。

古代社會　莫爾干著。

殷虛書契考釋　羅振玉著。

殷文存　羅振玉著。

殷周史料考訂大綱　徐中舒著。

中國上古史講義　周傳儒著。

第八章　殷代工藝文化之推測

由甲骨文字殷墟出土器物，以及發掘殷墟時所見之遺跡，可以推測殷代之工藝及文化。殷代尚未完全脫離野蠻階段，固矣，但於工藝及文化上，亦有相當造詣，周之工藝及文化，實因襲殷人而來，以後逐漸蛻變完成，始臻於開明文化之域。然則奠定中國文化基礎者，殷人也。說者謂殷人文化，實中國之正統文化云。

商代工藝，雖已達於相當之程度，然屬於手工的、家庭的、小規模的，並爲簡陋的，此則初期工藝應有之現象，無足怪者。卜辭中屬於工藝之文字甚多，如：

獵器　網、畢、穽、罝、羉、罘。

農器　耒、圭、辰、男。

用具　舟、車、帚、席、磬、輿、鼓、册、專。（？）

兵器　弓、矢、彈、茀、戈、鉞、函、箙、斧、笨。

衣服　絲、帛、衣、裘、巾、幕、斿、旒。

飲食　鼎、尊、毀、卣、盤、甗、壺、爵、斝、俎、皿、盂。

建築　宮、室、宅、家、寢、壽、門、宀、雝、牢、圂、井。

以上種種，皆非有相當之工藝知識與技能莫辦。此時殷代已入於新石器時代之末期，而銅器時代之初期。卜辭中不見金屬之字，尤其不見鐵字，此為銅器使用甚晚，而鐵尚未發明之證。殷墟出土之金屬器物，殆皆晚年所鑄，銅器中載有殷人帝王名號者，亦皆屬晚年之物也。

實物中近由殷墟掘出，或早年出土，而能確定其為殷器，且現今保存，可得而覆按者甚多，此研究上一大便利，是不能不感謝已往之骨董家及當代之考古家。按現存之殷代遺物，可分下列四類：

一、銅器　銅器之中，屬於用器者，有刀，有削，有片。屬於兵器者，有戈，有矛，有矢鏃。屬於禮器者，有皿。屬於飲器者，有爵有尊有罍有觚。屬於食器者，有甗有鼎。宋代發現者，有亶甲城亶甲觚、乙鼎、足跡罍、兄癸彝。最近發掘所得者，有銅範、銅塊、銅鏃、銅戈、銅觶。並有金塊有錫塊，知其用合金也。

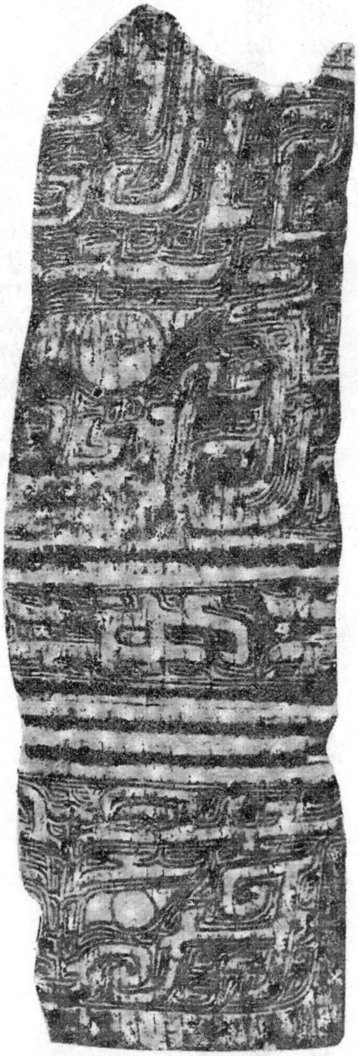

雕骨（象牙製）

二、骨蚌器　骨器之中，有骨鏃、骨針、骨梳（梳篦）、骨笄，另有刻花骨器多種。蚌器多鑲於木內及銅器之上，帶裝飾性，其貝之一種，蓋爲古代貨幣云。

三陶器　陶器之中，白陶甚多，往往帶雕刻。有皿似盌之蓋，然完整者少。有灰陶，亦間帶雕刻，種類則尊、罍、鬲、甗、爵、觚俱備。又有帶釉陶多碎片，完整者少。此白陶及帶釉陶卽爲後代磁器之先驅。觀此知中國磁業之發達，由來久矣。

四石玉器　殷墟之石器甚多，間有玉器，多爲石質之較美者。其種類有鏃、有斧、有戚、有碎爲兵器。有鑿、有刀、有盂爲用具，有圭、有璋爲玉製，乃佩帶之物，有磬爲樂器，有帶雕刻者。

殷人之美術觀念與工業專技，亦頗發達，美術之中，以雕刻及鑲嵌爲最進步。所雕之物，象牙、骨、石玉、白陶、灰陶、銅器皆備。雕刻之形式，一曰花紋：有幾何形，饕紋蟠螭形，蟠虺形，獸面形（舊稱饕餮），圓爪形，耳形等。二曰文字，普通多爲陰文，浮刻間或有之。

鑲嵌術此時業已發生，且頗精巧。殷墟所發掘之銅器，有嵌綠松石者，木器上，又有用蚌器鑲嵌，以爲裝飾者，皆鑲嵌術進步之證也。

編織工業，殷代頗爲發達。衣服之中，如衣、裘、巾、幕甲文中已習見之。用物之中，如席、箕，

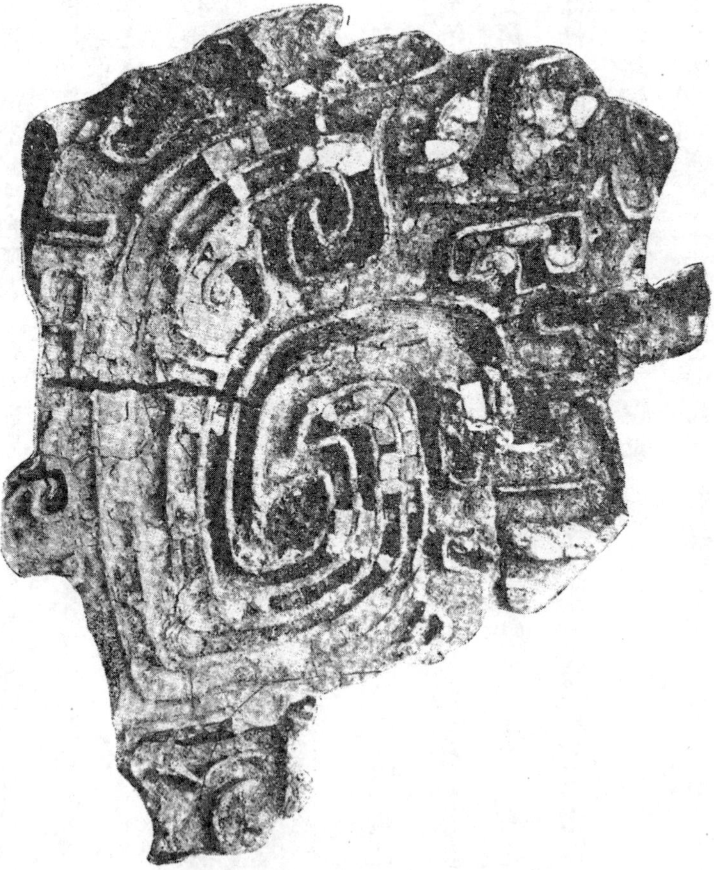

用綠松石鑲嵌之銅器斷耳

亦見甲文。至於絲，帛尤爲普遍。養蠶取絲之法，中國發明極早，李濟之先生在西陰村發掘，曾得一繭，知石器時代已有蠶桑矣。禹貢九州，袞、青、徐、揚、荆、豫皆產絲，足見中國古代蠶桑事業之發達，殷人服絲織絲，自不足怪。

由上所述，可知殷人雖初入銅器時代，然無礙於文化之進展。其工藝之發達，確到可驚之程度矣。至其文化程度，可由甲骨文及殷墟遺物推測者，有如下之各端：

一建築及交通　殷代初年，似爲穴居，十八年春季中央研究院在殷墟之發掘，曾發現長方坑與圓坑的遺址，秋季發掘，所見長方坑更多，深六七米，有至十米者，長二三米。坑中之物，皆比較完整而豐富。若非殷人住居之穴，至少當爲窖藏之穴也。周初之古公亶父，尙且陶復陶穴，何况殷人？然在中葉及晚年，建築已大進步，甲文中有室、宅、京、家、寢、門、牢、圂，皆住宅也。又有亯，卽宮，爲最普遍之屋，有𩫖卽墉，爲家室之牆垣。有亞王先生以爲明堂，其制頗似現在北平之四合院。在殷墟發現遺址中，有版築痕跡，又有石像柱礎（抱膝坐形），足見建築亦頗有整齊宏大者，惟尙無城郭遺跡。城郭似爲周人所專有，殷人未足以語此。

卽磚瓦之用，西周人知否？尚屬問題。

交通事業，殷代亦有可言。世本作篇：相土作乘馬，王亥作服牛，此爲殷人利用動物，以作交通工具之記載。卜辭中車字頗多，作[glyph]作[glyph]作[glyph]，其形不一。舟字亦常見，作[glyph]作[glyph]。據此知殷代交通已甚發達。殷人遺物，有貝有玉有綠松石，皆自遠處傳來者，非交通便利，不易致也。

二、曆法　紀時之法，殷代頗密，其法以干支紀日，而以干爲主。積十日爲一旬，積三旬爲一月，積十二月爲一祀（年）。一年又分春夏秋冬四時：（此據董作賓說）正二三爲春，四五六爲夏，七八九爲秋，十十一十二爲冬。月有大小，大月三十日，小月二十九日。年爲十二月，然遇閏則置十三月。關於日蝕月蝕，亦有記載。中國之太陰曆，殆起原於殷代或殷代之前。

三、風俗習慣　殷代席地而坐，卜辭中之人作[glyph]，卽作[glyph]，饗作[glyph]，皆像跪於地上之形。殷人束髮，故遺物有笄。據此與四夷之斷髮被髮不同。人死則葬埋，並有殉葬物。中央研究院殷墟發現之俯身葬，其殉葬物有觚有爵，棺槨之遺痕尙不見。殷人重祭祀，卜辭中祭祀之名凡十八見，如宗、禘、烝、肜日、肜月、𢀛日、匚、祭、叡、酒、龔、品、衣皆是也。

殷人嗜酒之風獨盛，商器之中，爵、尊、觶、斝、罍、壺、匜等皆酒器也，且數目極多，可見酒之爲物，流行甚遍。書微子，「我用沉酗於酒，用亂敗厥德於下。」「天毒降災荒，殷邦方興沉酗於酒。」酒誥「在商邑越殷國民無罹弗惟德馨香祀登聞于天，誕維民怨，庶羣自酒，腥聞在上，故天降喪于殷。」殷人好飲、羣飲、狂飲之風，可以見矣。

四．宗教　商人富於宗教思想，凡生活上一切行動，如撈漁、牧畜、農業、征伐、狩獵、出入，皆以卜決之。殷墟甲骨，大抵爲卜筮與祭祀之辭，商人之一生，俱在卜筮之中。卜筮與祭祀，俱爲迷信之表示，而商人對於祭祀，較卜筮爲鄭重。卜辭中所見祭名，凡十八種，從其對象考之，可分二類：一曰自然，二曰祖先。

崇拜自然，爲人類忻羡自然勢力偉大，感覺己身渺小之結果。一方面由於知識之缺乏，因而流於愚昧，他方面由於不能合羣，處處陷於孤立。故社會愈進化，崇拜自然之心理愈薄弱，在原始社會則不然。商人對於自然，頂禮甚虔，其儀式亦雜。最高之神，曰帝，曰天，爲一有意志、有知覺、能喜、能怒、能作威福、掌握人世賞罰之主宰。其次爲風、爲雷、爲雨，亦能禍福人。故卜辭中關於此類祭祀頗多。卜辭中又有土及方土，爲社神，方爲郊神，即詩經「以社以方，我田既臧」之社神方神也。商人信鬼，而且誠虔祭鬼，鐵雲藏龜及殷契徵文，皆有祭鬼之條。曲禮有云：「天子祭天地，祭四方，祭山川，祭五祀，歲遍。諸侯方祀，祭山川，祭五祀，歲遍。大夫祭五祀，歲遍。士祭其先。」鄭注以爲殷制，徵之卜辭，或屬可信。

崇拜祖先，乃種族觀念與避禍求福之一種混合結果。人人既愛其種族，則種族中已死之祖先，當然亦推愛及之。且鬼神皆能禍福人，祖先與吾人關係最密，自亦能禍福人。盤庚中屢言：「高后丕乃崇降罪戾。」「先后丕降與汝罪戾。」「乃祖乃父乃斷棄汝，不救乃死。」其對於祖先之敬愛與推崇如此。

殷之先公先王，無不特祭者。殷虛書契考釋所載，祭相土者六條，祭王季者三條，祭王亥者十三條，王恆者四條，祭上甲者二十三條，祭報乙、報丙、報丁者十二條，祭示壬、示癸者二條，祭天乙者九條，祭外丙者二條。其餘大丁、太甲、大庚、小甲、大戊、中丁、祖乙、祖辛、祖丁、南庚、陽甲、盤庚、小辛、小乙、武丁、祖甲、康丁，無不有之。湯以前十帝，湯以後二十二帝，無不特祭，其隆重爲何如乎。

據以上所述，此殷代文化果何自來乎？關於此問題之解答，迄至最近，已有一線之曙光。吾人若將殷墟出土之器物，與河南仰韶及山東龍山出土之器物相比較，其中類似之點甚多。殷墟陶器，有藍文，有方格文，圜足，有蓋，寬耳，多與龍山相同。其三足鬲、甗、皿諸器，尤顯爲自龍山陶器演化而來者。惟白陶及帶釉陶，爲龍山所無，是殷墟近於龍山，進步成另一階段。殷墟之骨蚌器及石器，龍山亦有之，惟石斧及小長石斧則付闕如，其理與關於白陶帶釉陶同。殷墟之單色陶片、石粟、豎石戈、陶彈、陶輪，多與仰韶相同，惟石鏃則殷墟多帶翼者，是又進化之徵也。殷墟之銅器，如矛、如斤、如矢鏃、如戈瞿，在西伯利亞多有之，歐洲方面亦有類似者，是傳自西方也。總之，殷墟文化，來自龍山而比較進步，仰韶文化，亦多少與以影響，西歐文化，亦有相當影響。以此推之，殷之民族，似自東海濱來，殷之文化，一部分又自西北大陸來，兩者相合，遂爲後日兩周燦爛文化之導源。

參考書目

殷周史料考訂大綱　徐中舒著。
小屯與仰韶　李濟著。
卜辭中所見之殷曆　董作賓著。
殷虛文字類編　商承祚著。
殷虛書契考釋　羅振玉著。
中國上古史講義　周傳儒著。
殷虛銅器五種及其相關之問題　李濟著。

附錄甲骨文書目

鐵雲藏龜　劉鶚編　光緒二十九年石印本又民二十年鮑鼎翻印本。

殷虛書契前篇　羅振玉編　民國元年影印本又民二十重印本。

殷虛書契菁華　羅振玉編　民國三年影印本又翻印本。

鐵雲藏龜之餘　羅振玉編　民國四年影印本又十六年重印本。

殷虛書契後篇　羅振玉編　民國五年影印本又翻印本。

殷虛書契待問編　羅振玉編　民國五年石印本。

龜甲獸骨文字　林泰輔編　民國十年石印本又翻印本。

戩壽堂所藏殷虛文字　姬覺彌編　民國八年石印本。

鐵雲藏龜拾遺　葉玉森編　民國十四年影印本。

簠室殷契徵文　王襄編　民國十四年石印本。

殷虛卜辭　明義士編　民國五年模寫本。

新獲卜辭寫本　董作賓編　民國十七年手寫本又重印本。

大龜四版　董作賓編　民國二十年安陽報告第三期。

殷虛書契萃菁　王緒祖著　民國十五年自印本。（存疑）

以上影印石印摸寫之屬

契文舉例　孫詒讓著　光緒三十年抄本又民六石印本。

殷商貞卜文字考　羅振玉著　宣統二年石印本。

殷虛書契考釋　羅振玉著　民國三年寫印本又民十四增訂本。

戩壽堂所藏殷虛文字考釋　王國維著　民國八年石印本。

殷契鈎沉　葉玉森著　民國十二年石印本又見學衡二十四期。

殷虛文字類編附待問編　商承祚著　民國十二年刻本。
說契　葉玉森著　民國十三年石印本。
研契枝談　葉玉森著　民國十三年石印本並見學衡三十一期。
簠室殷契類纂　王襄著　民國十年石印本。
殷虛書契考釋小箋　陳邦懷著　民國十四年鉛印本。
殷虛蘊契考　陳邦福著　民國十七年鉛印本。
殷虛書契補釋　柯昌濟作　民國十年自刊本。
簠室殷契徵文考釋　王襄著　民國十四年石印本。
殷契拾遺　陳邦懷著　民國十六年鉛印本。
殷契目錄　陳振東著　民國二十年鉛印本。
殷契說存　陳邦福著　民國十八年印本。
甲骨文釋　郭沫若著　民國十八年石印本。

甲骨文例　胡光煒著　民國十七年石印本。

殷契辨疑　陳邦福著　民國十八年印本。

殷契剩義　陳進宧著　民國十八年印本。

以上文字考釋之屬

殷虛古器物圖錄　羅振玉編　民國五年影印本。

傳古別錄第二集　羅福頤著　民國十七年影印本。

殷虛器物存眞　關百益著　民國十九年拓本。

以上遺物圖錄之屬

五十日夢痕錄　羅振玉著　載雪堂叢刻。

清國河南省湯陰縣發現之龜甲獸骨　林泰輔著　載史學雜誌。

古美里城出土龜甲之說明　富岡謙吉著　載史學雜誌。

殷卜辭中所見先公先王考及續考　王國維著　收入觀堂集林。

殷周制度考　王國維著　收入觀堂集林。

說自契至於成湯八遷　王國維著　收入觀堂集林，

說商說亳說耿說殷　王國維著　收入觀堂集林。

古史新證　王國維著　清華講義。

殷禮徵文　王國維著　收入王忠慤公遺書。

甲骨文地名考　林泰輔著聞宥譯　載語言歷史研究所週刊第九集。

隨庵所藏殷虛文字跋　王國維著　收入觀堂別集補遺。

甲骨文之發現及其考釋　容庚著　載北大國學季刊一卷四號。

甲骨文之歷史及其價値　陸懋德著　晨報十二年十二月副刊。

三千年前的龜甲和獸骨　馬衡講　載京報民十三年副刊二十號。

殷虛文字考　商承祚著　載國學論叢二卷四期。

殷虛文字考　余永梁著　載國學論叢一卷一號。

殷虛文字續考　余永梁著　載語言歷史學週刊。

日本甲骨之收藏與研究　徐嘉瑞作　載國學月報二卷一號。

由甲骨文考見商代之文化　陸懋德作　載清華學報四卷二期。

殷虛文字孳乳研究　聞宥著　載東方雜誌二十五卷三號。

甲骨學之過去與將來　聞宥著　載民鐸九卷五號。

殷虛甲骨文之發現及其著錄與研究　載東方雜誌二十五卷十五號。

研究甲骨文字的兩條新路　聞宥著　載語言歷史文學周刊百期紀念號。

甲骨地名考　林泰輔著　聞宥譯　載語言歷史文學周刊第九集。

試掘安陽小屯報告書　董作賓著　載安陽發掘報告第一期。

小屯地面下情形分析初步　李濟著　同右。

殷商陶器初論　李濟著　同右。

商代龜卜之推測　董作賓著　同右。

新獲卜辭寫本後記　董作賓著　同右。

新獲卜辭寫本後記跋　余永梁著　同右。

十八年秋工作經過及其重要發現　李濟著　載安陽發掘報告第二期。

殷虛地層研究　張蔚然著　載同書。

獲白麟解　董作賓著　載同書。

小屯與仰韶　李濟著　載同書。

新獲卜辭寫本後記跋　傅斯年　載同書。

本所發掘殷虛之經過　傅斯年著　載同書。

現代考古學與殷虛發掘　李濟著　載同書。

甲骨文研究之擴大　董作賓著　載同書。

大龜四版考釋　董作賓著　載安陽發掘報告第三期。

河南安陽之龜殼　秉志著　載同書。

俯身葬　李濟著　載同書。

卜辭中所見之殷曆　董作賓著　載同書。

再論小屯與仰韶　徐中舒著　載同書。

殷虛沿革　董作賓著　歷史語言研究所集刊二本第二分。

甲骨年表　董作賓著　載同書。

甲骨文字學史　馮宗麟著　載中央大學半月刊一卷二期。

釋侯釋𡨦釋蒙　丁山著　載歷史語言研究所集刊第一本第二分、

卜辭中之古代社會　郭沫若著　載中國古代社會研究中。

甲骨中殷商廟制徵　劉盼遂作　載女師大學術季刊一卷一期。

甲骨中卜文之研究　聞有著　中山大學語言歷史周刊第十一集。

殷虛文字用點之研究　商承祚著　載同書。

芝加哥博物院殷契攟影記　葉玉森著　載同書。

小屯龍山與仰韶　梁思永著　載蔡孑民先生紀念論文集。

商民族的氏族社會　程憬著　載新月月刊。

“Oracle-bones from Honan “by S. Couling, Royal Asiatic Journal.

A Funeral Elegy and a Feamily Tree inscribed on Bone” by J. M. Menzies,

J. R. A. S. Oct. 19. 2.

以上論文之屬